领你走进西藏

一部学术探险与拓荒的经典

亚欧丛书 EurAsia Series

1

梵天佛地

第三卷

西藏西部的寺院及其艺术象征

第一册 斯比蒂与库那瓦

[意] 图齐 著
魏正中 萨尔吉 主编

上海－罗马 SHANGHAI-ROMA
上海古籍出版 地中海与东方学国际研究协会
SHANGHAI CLASSICS PUBLISHING HOUSE ISMEO - INTERNATIONAL ASSOCIATION OF MEDITERRANEAN AND ORIENTAL STUDIES

（第 94 页）

译者说明*

关于该册正文中所附插图:插图1、9使用的是原著插图;插图2–6参照了相关资料和研究成果,予以重绘;插图7为译者增补;插图8在保留原著插图的基础上,增绘示意图一幅。

关于 Ākāśagarbha 和 Gaganagañja,藏译分别译作 nam mkha'i snying po 和 nam mkha' mdzod,而汉译佛经中均译为虚空藏(菩萨)。鉴于两位菩萨往往同时出现,为了对此加以区分,译者随顺藏译,将 Ākāśagarbha 和 nam mkha'i snying po 译作虚空藏(菩萨),而将 Gaganagañja 和 nam mkha' mdzod 译作虚空库(菩萨)。

论及塔波寺祖拉康塑像时,原著对同一图版中的各身塑像进行了编号,因此,在论及其中的某一塑像时,译者以图版号.1、图版号.2等表示。例如图版6.7指的是图版6中编号为7的塑像。论及五佛冠时,图版中的不同照片原著编为1、2、3等等,在论及其中的某一照片时,译者以图版号.1、图版号.2、图版号.3等表示。

附录文献原著仅给出了藏文原文,译本则增加了藏文转写。

附录(一)根据图齐所用写本进行了核对,对其中的不一致之处以译者注的形式给出,并将文献影印刊布,编为图版92。

附录(二)至(四)未能找到图齐所用写本。

附录(五)据图齐所用刻本进行了核对。

附录(六)就所能找到的图齐所用的写本刻本(文中以A,C,D,E,F,K标注)进行了仔细校对,有较多的增删补充,因此不再作译者注,而只是以原著提供的藏文为底本,将诸文本间的相异之处在脚注中标出。

---

* 译著凡例见第一卷。

附录(七)塔波寺题记参考了新近的研究成果,并对其中的不一致之处以译者注的形式给出。

除了附录(一)、(六)、(七),其余文献图齐未予翻译,汉译以藏文原文为准,尽量直译,为求文意顺畅,原文中没有而汉译所加的字句以圆括号( )标明。

除了译者增加的图版92,扉页彩图、图版33和82据原著翻印,其余图版据底片冲印。

目　　录

导　论 5

一、西藏西部历史地理

《梵天佛地》第二卷，专论仁钦桑波[1]，廓清了这位公元1000年左右西藏西部弘法者的重要性，同时确立了当时雪域藏传佛教复兴时期古格(gu ge)及古格诸王所起的作用，证明了仁钦桑波不仅是一位将新的显密经典引介入藏地的大译师、一位向其同胞广示尚未知晓的教证的上师，而且是一位值得铭记的藏地佛寺塔廊不知疲倦的建造者，他的名字与藏族艺术史最重要的时期之一密不可分。

仁钦桑波传和藏地其他历史著作为我们保留了藏传佛教萌生阶段这位崇高人物所建造的寺塔名录；但如我在前卷所述，藉由我们极度匮乏的西藏西部地理知识，在今已近乎完全荒芜的一个地 6
区，很难精确比定历史上与仁钦桑波有联系的、一度生发过如此大量的智识、宗教和艺术生活的每个地点。需要前往实地、考察原址、从民众中收集第一手信息、证实我以前的比定，更重要的是对整个地区进行考古调查，搜集当时的艺术品、写本、图像和铭文；应当逐个调查归于仁钦桑波或古格王室所建的佛寺，以明了这些佛寺及寺藏资料能在多大程度上阐明在意希沃(ye shes 'od)及其继承者的时代，斯比蒂(Spiti)与玛旁雍措(ma pham g.yu mtsho)之间的喜马拉雅陡峭山谷展开的重要的思想艺术活动。带着这个目的，在首领的高额赞助下[2]，意大利科学院委托我负责西藏西部的新探险。英印当局也促成了此次探险的成功，他们深知这次旅行的重要性，提供

[1] 《仁钦桑波及公元1000年左右藏传佛教的复兴》。
[2] 译者注：首领指墨索里尼。

了周到的帮助：首先是设法为我获取了入藏通行证，众所周知，这种特权只赐予少数人。

这样，除核实纯粹记载在历史和传记史料中的信息外，我还收集到大量在该丛书中将予以出版和说明的资料。它们不仅与古格的政治、宗教和艺术史有关，而且会增加我们对藏传佛教以及它迄
7 今不为人知的众多方面的更充分准确的知识。意大利皇家学院出版的考察笔记中对这些情况均已述及，对这次考察的路线和情况更有兴趣的人，可以参看此书[1]。

在此我还得重新审视《梵天佛地》第二卷中归属于仁钦桑波的佛寺名录。首先，我发现对诸多地望的比定必须修订：口头和文献传统上与大弘法者相关的许多地方是欧洲人完全不知道的，而地图上也未予标注，即使无疑最准确的印度测量局(Survey of India)地图也是如此。正是在1933年考察结果的基础上我复查了传记中罗列的归于仁钦桑波的佛寺，并以新的、可靠的材料修订我此前提出的若干比定。

这项研究当然很专业，但一想到西藏西部人烟日趋稀少，重建当地历史地理今已不易，日后几乎更无可能，它也就愈发值得关注。

首先，恭卡尔(go khar, mgo mkhar?)不在斯比蒂[2]。文献所提
8 到的一系列地点应该彼此相邻而且都在卡孜(khva tse, khva rtse)附近。根据传记，仁钦桑波在拉隆(lha lung)度过了大半生，我认为拉隆是斯比蒂的一个同名村落，进而推测我所用文献中的卡孜是斯比蒂的卡则(Kaze, Kaje)。这一比定是错误的。卡孜是古格的一个小村落，其地只有几间房屋、一座改宗萨迦派(sa skya pa)的佛寺和一座圮废的大城堡。该地仍有一户家庭拥有卡孜王(rgyal po)的头衔，但完全是一个残存而无实际意义的尊称。这是一户牧民，与其他家庭一样一贫如洗。但据广泛流传的传统，这个家族曾统辖过卡孜城堡以及属于它的全部领地，证明它早先一定拥有过特权和财

[1] G. Tucci ed E. Ghersi, *Cronaca della missione scientifica Tucci nel Tibet occidentale (1933)*, Roma, Reale Accademia d'Italia, 1934.

[2] 参见《梵天佛地》第二卷，第54、68页。

富。卡孜的正确拼法保存在我于波林(Puling)发现的属于该家族零落后代的一部 *Prajñāpāramitā* [般若波罗蜜多]写本的题赞中。题赞说[1]:

究竟二利导师释迦佛,
驱散二障救度之正法,
具足二种解脱之圣僧,
向此无诳三宝作顶礼[2]!
器之世间依于四大种, 9
情之众生由光音天生[3],
嘎乌口合天地两者间[4],
山高地净悉补野蕃域,
卡瓦金区正法弘传地,
罗汉住地底斯雪山腰,
殑伽大河流出之左岸[5],
天子尼玛旺秋赤德之,

---

〔1〕 参看附录(一)。
译者注:译本给出了写本照片,标为图版 92。

〔2〕 根据大乘佛教,"二利"是提升境界的根本发心,即自利利他(parātmahita)。"二障"是烦恼障(kleśāvaraṇa)和所知障(jñeyāvaraṇa),其在实践和智识两个方面让我们远离佛教宣说的解脱之道。"二解脱"是自性清净解脱(bhāvaviśuddhivimukti)和障清净解脱(āvaraṇaviśuddhivimukti),即众生本性清净,无系缚染污之相;以及断尽二暗障而得解脱自在。

〔3〕 器世间由水、地、火、风构成。佛教的世界说将世间划分为两大范畴:器世间(bhājanaloka)和情世间(sattvaloka)。五种光辉代表五种颜色,它们在作为万物源头的自性光明的发散过程中形成。这个观点尤其得到了宁玛派的发展,参见我们将在下面讨论的 དམ་ཆོས་རྫོགས་པ་ཆེན་པོའི་སྐུ་གསུམ་ངོ་སྤྲོད། *dam chos rdzogs pa chen po'i sku gsum ngo sprod* [正法大圆满三身解说]。
译者注:此处图齐将写本中的天(ལྷ, lha)误读为五(ལྔ, lnga),并由此作注。

〔4〕 嘎乌(ga'u)是由银子制作的挂饰,女人——也间有男人——通常挂在脖子上,里面还盛有小经书、祷文或更常见的护身符。G. Tucci ed E. Ghersi, *Cronaca della missione scientifica Tucci*, pp. 255 – 256, figs. 185 – 186.

〔5〕 字面意思是"瀑流",出自阿耨达池(Anavatapta)四边四种动物口中直泻而下的四条大河。参见《梵天佛地》第一卷,第 50 页。

昆仲众生顶髻愿得胜！
法王治下象雄域中央，
十善齐聚神域此卡孜[1]，
高贵种姓赤赞世系出[2]。

我无法比定尼玛旺秋赤德(nyi ma'i dbang phyug khri lde)，更无法确定他生活的年代。然而他无疑属于衍生出玛(smal, Malla)支系的德系(lde, khri lde)第二代王朝[3]。

十五世纪下半叶至十七世纪前二十五年在位的同一支系其他君王的名字也在若干写本题赞中发现。来自切噶(bye gar, Bekhar)而于什布奇(Shipki)发现的 *Durgatipariśodhana*［恶趣清净］写本中记载了某位白噶德(pad dkar lde)[4]；另一部写本中记有赤札巴德(khri grags pa lde)的名字[5]，他在另一题赞中被颂扬为两万骑兵之主[6]。还有弗兰克(Francke)在塔波寺(ta pho)题记中读到的赤扎西札巴德(khri bkra shis grags pa lde)，但我在现场没有找到[7]。

矗立在卡孜(khva rtse)高地的城堡叫恭卡尔(go khar)，传说中仁钦桑波度过大半生的拉隆寺(lha lung)应在近旁。看来有关该地的记忆已湮寂无闻，这不足为奇，因为曾一度属于古格的这一区域今

---

[1] 即十善根(kuśalamūla)，十种根本善业。
译者注：原书将十善注解为十善业，即三种身业（不杀生、不偷盗、不邪淫）、四种语业（不妄语、不恶口、不两舌、不绮语）、三种意业（不贪欲、不嗔恚、不邪见）。但据上下文，此处的十善应指富裕地方的十种优美条件，即远、近牧草美，田、宅土质美，饮、灌水性美，础、磨石质美，屋、薪木材美。

[2] 藏族传说中的赞普之一，妥妥日隆赞(tho tho ri long bstan)的儿子，参见 *dpag bsam ljon bzang*［如意宝树史］，第150叶。 A. H. Francke, *Antiquities of Indian Tibet*, Calcutta, Superintendent Government Printing, 1926, part II (*The Chronicles of Ladakh and Minor Chronicles*), p. 80.

[3] 参见《梵天佛地》第二卷，第10页。

[4] 参看附录（二）。

[5] 参看附录（三）。

[6] 参看附录（四）。

[7] A. H. Francke, *Antiquities of Indian Tibet*, Calcutta, Superintendent Government Printing, 1914, part I (*Personal Narrative*), p. 36.

天已成一大片废墟,呈现人烟渐少的荒凉状态,萨特莱杰河(Sutlej) 11
以南更是如此。可能拉隆寺原来只是一个关房(mtshams khang),上师于此处远离尘世的喧闹,与其合作者忙于译事,完成了至今令我们惊奇的伟大功业。整个地区有众多类似的关房,今已圮废,成为无名的遗迹,无法比定。

仁钦桑波的圆寂地翁奇(weng gir)也应当在这附近,但此地亦湮没无闻。

卡孜(khva rtse)的村落和城堡位于波林(Puling)西北、热地(ri)东北之间的荒漠谷地。从多香(Toshang)出发,另有一条险径,两天后可达卡孜。

多香是一个村落,有古堡和译师(lo tsā ba)神殿,其建筑风格确属当时。多香距扎布让(tsa pa rang)足有一天的行程,在传记中无载,但其南面的山谷,正当路径沿着边缘转向波林山口的地方,还尚存被人称之为普卡(phur khar, pur mkhar)的遗迹。我的名录中记载那里建有同名的佛寺,但因当时缺乏信息和精确资料而无法比定。

瑭麦(stang med)并不是地图上在毗米切(Pimikche)山口附近的Stang或Thang,而是底雅(bsti yag)东北、夏季商队往来噶大克(sgar thog)的商道上、至今还保留着原名的小村落。这条商道比地图上标
注的、杨(Young)走过的印藏商道更偏北[1],虽然路略长些,却可避 12
开通常在六至九月解冻后从路科(Luk)浅滩也无法渡过的额浦河(Op)。

乃胡(sne 'u)在地图上也没有标注,其遗迹位于底雅(bsti yag)西北的山谷,像古格大多数古代村落一样,此地现已完全荒芜。

热日(re hri)就是地图上标注为热觉瓦(Richoba)的热(ri),该名字显然有讹误,实际上大城镇的名字只是热(ri)。它是著名的孜巴(rtsi pa,即星算家)家族的领地,其家族以觉瓦(jo ba)闻名,称为热·觉瓦(ri'i jo ba,即 ri 的 jo ba)。显然此事被负责绘制印度测量

[1] G.M. Young, "A Journey to Toling and Tsaparang in Western Tibet", *Journal of the Panjab Historical Society*, 7, 1919, p. 177.

局(Survey of India)地图之萨特莱杰河(Sutlej)南部地区的官员完全忽视了。

扎让(tsa rang)不可能是切噶(bye gar)附近的恰让(Charang)，即拉萨当局委托一家族独立治理的小城镇，该家族拥有王室特权及拉萨当局的批件，我得以寓目后者的抄件。恰让没有一座仁钦桑波神殿，也没有与之相关的任何传说。在一个将大弘法者实际行事过分宣扬的地区，如果译师真的建造了佛寺，此种沉默就很反常。实际上，扎让是岛通卡尔(to dung gar)山谷中茂让(Morang)之后、库那瓦(Kunavar)上部的恰让(Charang)。

据收集的材料，止穷惹(dril chung re)可以比定为强丁(Jangtang)
13 西南、距村落两英里、有一座佛寺和众多佛塔(mchod rten)的遗迹，该地现名恰果(chags mgo)。唯一的遗存是一间当地居民称之为圮废神殿(lha khang gog po)、面积中等的神殿侧壁[1]，墙上仍然可见曾环拥在泥塑神像身后的背光，类型与塔波寺相同。

嘎布帕(dkar dpag)距离曲苏(chu su)和萨让(za hreng)只有几英里路，该地荒凉崎岖的山谷中仍可清楚地看见一座佛寺，由于方言通常的换位现象该地今天被称为 Kapra。

竹巴(grug dpag)也位于库那瓦上部、热巴(Raspa)山谷的桑拉(Sangla)。

饶巴(ro dpag)位于夏苏(Shasu)—斯比蒂道上的夏苏北部[2]。

夏苏在印藏商道右侧，距普地(Poo)七英里。

就我所知，地图也忽略了传记认定为仁钦桑波生地的惹尼寺(rad nis)[3]，其并非位于我先前判定的什布奇(Shipki)东北，而在萨特莱杰河(Sutlej)左岸的底雅(bsti yag)以南。该地仅有通过十月底至第二年三月结冻或水少易涉的萨特莱杰河，途经丘克(Kiuk)和色贡(Serkung)一条艰难的、商队无法通行的险径才可进入。

脚旺(khyung weng)应该位于惹尼(rad nis)地区，据我们的材料

〔1〕 G. Tucci ed E. Ghersi, *Cronaca della missione scientifica Tucci*, pp. 227–228, fig. 167.

〔2〕 参见《梵天佛地》第二卷，第 69 页。

〔3〕 参见《梵天佛地》第二卷，第 55 页。

就是译师诞生地〔1〕。距惹尼东部一天路程的高山上至今有个叫脚旺的牧场('brog),夏季,惹尼居民赶着牛羊转场于此。靠着融化的雪水,那里牧草丰肥,而季风使天气比惹尼峡谷凉爽。这种习俗在整个西藏西部很普遍:盛夏之际,男子们离开家庭,寻找水草丰美的牧地,村子里只留妇女、孩子和老人耕作。 14

我所列举的传记名录中的另两个地名,即 shang rang 和 rig rtse〔2〕,看来句读有误:我原建议是 shang rang 和 rig rtse,因为在西藏西部以 rang 作为地名的尾音是非常普遍的。我错了!让日孜(rang rig rtse)是位于库那瓦上部、岛通卡尔(to dung gar)河谷恰让附近的村落,那里有一个传统上归于译师的神殿。剩下的香(shang)很可能是在拉沃(Lao)通往噶大克(sgar thog)的路上,过了香孜(shang tse)后的香。

最近调查获得资料后,我对把豪布伦噶(ho bu lang ka)当成卡巴鲁(Khapalu)的主意也得改掉。迄今豪布(ho bu)还是库那瓦从邦吉(Pangi)到奇尼(Chini)整个地区的名称,和仁钦桑波时代一样,这里是藏传佛教传播的最边界。在奇尼我们发现了最边远的神殿,而该区的佛教徒几乎完全被占优势的印度教所吸纳。 15

库那瓦上部的这些佛寺并不具备塔波寺和托林寺(tho ling)的宏大规模,也不像它们那样富有艺术价值。此外,正像边界地区经常发生的,经过战争和历史事变,它们也许多次被劫掠和破坏。但仍然值得注意的是,从传记来看,仁钦桑波建造的众多佛寺大多集中在该地区。这自有道理。即使今天藏传佛教在此地也还未能改变当地信仰,更无法降伏土著神灵。这里仍是苯教的国度,万物有灵、咒术和狂欢信仰集中于佛教还没有完全根除的地祇(sa bdag)信仰上。

---

〔1〕 然而,据五世达赖喇嘛的 གངས་ཅན་ཡུལ་གྱི་ས་ལ་སྤྱོད་པའི་མཐོ་རིས་ཀྱི་རྒྱལ་བློན་གཙོ་བོར་བརྗོད་པའི་དེབ་ཐེར། *gangs can yul gyi sa la spyod pa'i mtho ris kyi rgyal blon gtso bor brjod pa'i deb ther* [西藏王臣记],那个地点叫 snyung vaṃ,它是来自古格方言的词,意思是:珠宝。
译者注:汉译参见郭和卿译,《西藏王臣记》,北京:民族出版社,1983年;刘立千译注,《西藏王臣记》,拉萨:西藏人民出版社,1992 年。

〔2〕 参见《梵天佛地》第二卷,第 70 页。

仁钦桑波的弘法是由国王护持的宗教宣传，因其伴随着逐渐的政治渗透，灵魂的皈依成为初到西部的古格王室要吞并异族部落的预备和方便。这不仅仅出于征服的雄心，而可能更是其存亡所系。山石遍布和土地贫瘠的西藏西部，不能供给用于燃料或建筑的木材；土地如此吝啬，无论如何刻苦耕作，也几乎无所馈赐。而在库努(Kunu)的萨特莱杰(Sutlej)河谷却有着茂密的森林、更加湿润的气候，使劳作更容易、更有成效。显然藏地新的征服者已瞄
16 准这片边境绿地，于是利用宗教宣传去摧毁和征服当地土著的反抗。

通常西藏西部的僧人将位于萨特莱杰河南边的峡谷、丘克(Kiuk)和底雅桥(bsti yag)之间的色贡村(Serkung)与仁钦桑波联系在一起。其实那里没有任何能追忆起译师的遗迹，除了位于半山腰的房屋中的一间私人佛殿，该房屋被称为宫殿(pho brang)或喇章(lha brang)，这是整个西藏西部村落头人住所的通称。但它只是一间普通的佛殿，没有特别古老的遗存。它所以在该地区享有盛名显然是因为仁钦桑波的转世之一诞生于此家族和宫殿中。众所周知，仁钦桑波一般转世在西藏西部。

我所提到的许多地名在地图上没有标注。由于我们没有仪器来绘制另一张地图，即使有我也不会使用，因此我请求制图比我好的盖尔西(Ghersi)上尉依据我们的游历结果对其增补和修正，绘制出该地区的示意图。不能视该图为正规地图，它只是此前未经标注或偶有误差的村落、居民点，或有考古价值的地点的大致定位，可作为日后地理调查的参考和指南。

在1933年的考察中我调查了传统上归于仁钦桑波的大多数佛
17 寺，并委托皇家海军部门派遣的精明强干的上尉医生盖尔西带回了所有佛寺几乎完整的照片档案。

当我以各种方式消除僧人本能的怀疑、获得拍摄藏地和印藏艺术珍品的许可、并不受限制地调查最神圣的隐秘之处时，盖尔西上尉给了我及时的帮助，用他的机器——常常在最困难的情况下却总以最令人满意的效果——给题记、塑像、壁画摄影。我不想再三申述这批照片档案的重要性。圣迹的荒疏，连同时间的流逝正合谋加速许多包含

图像学和历史学无上价值的艺术丰碑的损坏。神殿的屋顶残坏，水渗进来，销蚀壁画，使其损毁到无法补救的地步。毋庸置疑，几年之内，西藏西部的许多佛寺和壁画将只剩下我们的照片档案，甚至某些地方我们来得已经太迟了。

二、教派的传播

自然而然，我将特别关注最重要、保存最好以及存有珍贵艺术和图像资料的佛寺，而对年代晚近或者没有特别意义的其他小寺将简述或不提。研究清楚地显示大多数古寺已经改宗格鲁派(dge lugs pa)，该派是仁钦桑波所属的噶当派(bka' gdams pa)的精神继承者。 *18*
只有极个别译师神殿改宗萨迦派(sa skya pa)，其一度在西藏西部有过弘传，这大约是阿喜玛(a 'dzid smal)国王于此派出家后的事[1]。

大多数俗人即使不加选择地顶礼所有的喇嘛和佛寺，但通常还是主要接受本地教派和寺院的精神影响。由此可以说甚至在斯比蒂、古格和库那瓦上部也确实存在抢夺地盘和争取信众的诸教派的重叠。

我们附录的地图显示了该区域不同教派传播的地理范围，但它显然只具大致和相对的价值，尤其因为一个教派在某一具体的居民点的命运常常依靠偶然的因素，例如某位驻锡于此并且长期禅修的喇嘛的声望。宁玛派(rnying ma pa)的佐钦(rdzogs chen)支系就是如此：一位来自康区(khams)、驻锡于理帕(Lippa)而被本地居民所敬重的著名朱古(sprul sku)使该派在库那瓦上部的传播比过去更为广泛[2]。

---

〔1〕 对此，五世达赖喇嘛在[西藏王臣记]中有所记载。该文献含有可补充《梵天佛地》第二卷相关资料的西藏西部历史的简述，因此收录为附录(五)。
译者注：此文献已移至《梵天佛地》第二卷的附录中，因此本册附录序号亦作了相应调整。

〔2〕 他的名字是南卡・晋美多吉(nam mkha' 'jigs med rdo rje)。G. Tucci ed E. Ghersi, *Cronaca della missione scientifica Tucci*, p. 281.

19 其中，萨迦派(sa skya pa)目前传播最少、威望最低，尽管整个地区最值得关注的寺院如卡则(Kaze)、热布加林(rab rgyas gling)、喜萨(Sisa)和东嘎(Dunkar)属于该派。

噶举派(bka' brgyud pa)的支系竹巴噶举('brug pa bka' brgyud)信徒麇聚，其大本营位于库那瓦上部的扎西岗(bkra shis sgang)，有一位朱古(sprul sku)驻锡于此。尽管佛殿和寺院都相当朴素而无法与其他教派相比，但该派在在家众中影响广泛。

宁玛派(rnying ma pa)很少见，其主寺位于滨河(Pin)峡谷，虽然如我们所见，其子寺在库那瓦上部分布渐广。

我把古格的相关研究专门留给即将出版的其他几卷，而首先开始研究斯比蒂的佛寺。斯比蒂位于中国西藏和印度之间的崎岖多山地带，有同名的河流贯穿全境，并在库那瓦上部巴夏尔(Bashahr)城邦的南卡(Namgia)附近流入萨特莱杰河(Sutlej)。该地区很难进入，深嵌在拉达克、库鲁(Kulu)和西藏的曲木底(Chumurti)、古格以及巴夏尔城邦之间的喜马拉雅山脉中，那里人烟罕至，当时由隶属于英方噶扎(Kangra)行政区代表的地方官诺诺(nono)统治。由于地域相邻以及历史原因，库那瓦上部值得记录的个别佛寺也将包括在本卷中。

不同于西藏西部的其他寺院，斯比蒂的寺院曾在1909年由弗兰
20 克(Francke)造访过，但是他对踏察的古迹仅仅给出简单、甚至经常不准确的描述：他试图比定和解释这些佛寺中丰富的图像学资料的方法并不恰当。本卷以及后续的几卷不是对所调查古迹的简单描述，而是对其中包含的艺术、图像学资料的专门而细致的研究。当关于西藏西部寺院的这套丛书完成，就会集成一种藏传佛教的图像学汇编，更准确地说，是表现于这些地区的印藏大乘精神的图像学汇编。必然地，这项研究促使我们核对和罗列大量的密教文献，它们被冠以怛特罗的名称，或者作为怛特罗的说明和注释，描述了藏族艺术以象征手段表达的观想及修证境界。

考虑到佛教艺术的这一根本特点，我试图借助文献、与藏族传统精神最杰出的代表人物的直接交往，以及与普通民众的熟稔默契，尽力深入到藏传佛教艺术的基本主题、内在涵义，以及潜藏于色

彩、线条、形象构成的难解图式之下的纯粹体验的根底,从而透过忿怒怖畏形象的面纱,达成对秘密深奥的大乘信仰的理解。对其而言,艺术只不过是形象和象征的投射。

第一章

21 塔波寺祖拉康

一、寺 院 概 貌

斯比蒂(Spiti)地区最重要的寺院是塔波寺(ta pho,图版 1)。它并非寂寂无闻。

即使从我们关注的角度而言,弗兰克(Francke)1909 年在斯比蒂和拉达克的考古调查中对它已有研究[1]。尽管弗兰克无可争辩地首次指出了塔波寺的重要性,但必须承认,最近研究显示的许多历史资料他当时无法触及,而且他对装饰寺院(dgon pa)墙壁的象征性图像的确切含义,及其宗教和图像学意义缺乏正确理解。

据斯比蒂僧人和当地人说,塔波寺与托林寺(tho ling)有着密切的联系,其八间佛殿加后者的一百间佛殿正好是一百零八。但我认为只有位于中央、被称为祖拉康(gtsug lag khang)的佛殿属于仁钦桑
22 波及其后续者的时代。当然,我指的是其创建年代,因为今天所看到的是经后世重修的。

寺院的圮废正在加剧,如果英国当局对斯比蒂的诺诺(nono)再不施加压力的话,我担心几年之内塔波寺会变成一堆废墟。寺中不再有睿智的学问僧,不再有瑜伽士,而由两位机械诵经的僧人掌管,他们毫不思考祖拉康壁画的含义,也不关心塑像所代表的天众。

---

〔1〕 A.H. Francke, *Antiquities of Indian Tibet*, part I (*Personal Narrative*), pp. 37ff.

僧人冬季居住的开凿于塔波平地北面壁立的悬崖上的小窟已经废弃；禅房空无一人，开始崩塌（图版2.a）。

由外而视，塔波寺恰如被围墙所环绕的建筑群，这看来是所有建于平地的寺院的特点（图版2.b），例如莲花生(Padmasambhava)建造的桑耶寺(bsam yas)。藏文称为 lcags ri 的围墙约两米高，以日晒风干的大型土坯砌筑，泥土中为坚固起见添加了草秸。围墙是分界线(τέμενοζ)，隔开圣地与尘世，它如同界定曼荼罗净地的金刚环(vajrāvalī)。其实，正如即将看到的，寺院在其真正意义上只是一个大曼荼罗，建造它与绘制一个曼荼罗的仪轨大 23
体相同。

围墙内佛殿彼此紧邻，且无预定规划，另有尺度大小不等、排列也无明显秩序的诸塔[1]。

将寺院布局与弗兰克(Francke)发表的平面图比对后，我发现后者并不准确，因此，我请盖尔西(Ghersi)上尉重新绘制了一幅（插图1），从中可见佛殿不是弗兰克所说的七间，而是八间——他可能没看到处于祖拉康左边的种敦('brom ston)大殿。

整个寺院亦称为 chos 'khor。这一称谓是我在许多写本题赞中发现的(chos 'khor tas po, ta po)，对其含义我已做过考证[2]。

平面图（插图1）显示，祖拉康位于寺院中心。假设去掉紧靠着的其他佛殿，就可以看出它由门厅、长方形经堂、带右绕(pradakṣiṇā)礼拜回廊的内殿组成。这种平面是藏地对印度佛寺布局的继承，因为印度佛寺分为三个基本部分：门厅、主室和内室。这种平面在归于仁钦桑波及其时代的大多数寺院中反复出现：几乎所有的寺院均依此平面布局而建，除了一些特殊的佛殿，如依著名印度原型而建 25
的托林寺(tho ling)金殿(gser khang)和大曼荼罗殿，这在我专门讨论托林寺的一卷中将会述及[3]。

---

〔1〕 关于塔，参见《梵天佛地》第一卷。

〔2〕 参见《梵天佛地》第二卷，第69－70页。

〔3〕 译者注：实际上图齐没有按其预期完成对托林寺的研究。

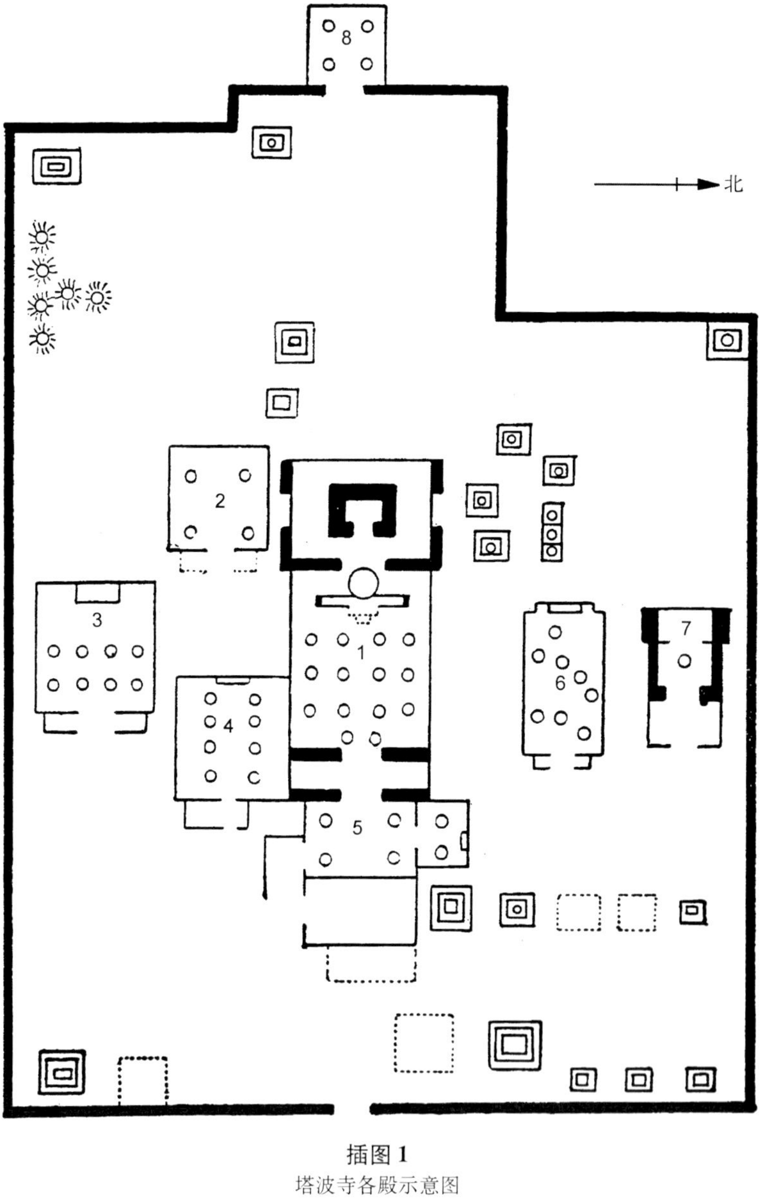

插图 1

塔波寺各殿示意图

1. 祖拉康
2. 曼荼罗殿
3. 金殿
4. 种敦大殿
5. 果康
6. 弥勒殿
7. 种敦小殿
8. 小白殿

二、祖 拉 康

对于紧靠着祖拉康入口处，相当于前殿而被僧人通称为果康(sgo khang)的建筑物，我不想多说[1]。整个建筑相当晚近，壁画无甚特殊：所绘画像有宗喀巴(tsong kha pa)、密集双身(Guhyasamāja yab yum)、度母(Tārā)等。壁画亦相当晚近，从图像和艺术角度均不值一提。祖拉康本身的情况则完全不同[2]。让我们从门厅出发，不幸的是损毁从这里已经开始，一度装饰墙面的绘画趋于消失。壁画为一组僧人和服饰不同的世俗人物，几乎每尊像都有记录其名的榜题，他们显然是出资兴建寺院的施主(yon bdag)和使寺院得以建成的诸位高僧。

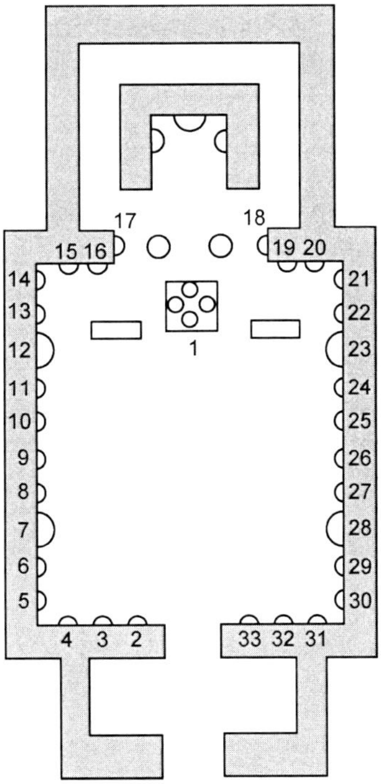

插图 2

塔波寺祖拉康

[参考 D. Klimburg-Salter, "Tucci Himalayan Archives Report, 2. The 1991 Expedition to Himachal Pradesh", *East and West*, 44, 1994, p. 22, fig. 5. 绘制]

步入经堂，周围配列有真人大小的三十二尊天众塑像，布局如插图 2 所示。男女天众或为寂静相(śānta, śiva, zhi)，或为忿怒相(krodha, khro)，身色为红、深蓝、黄、绿，或者简单地涂以白灰(图版 3－19)。塑像安置在插入墙体的木梁上，其后有石膏浮 27
雕环形背光。寺院墙壁的此种装饰和泥塑式样在传统上被认为与仁钦桑波有关的其他寺院中也有发现。客观而言，它们即使不完全与大译师

[1]　参见插图 1，第 5 号。

[2]　参见插图 1，第 1 号。

同时代，至少也显示了古格王朝初期佛寺的特征。

象征天众所发出的光明、称为圆光(prabhāmaṇḍala)的背光一般自内而外由三个圆环、一圈联珠纹和火焰纹组成。换言之，此种环形背光如本奈特·凯帕斯(Bernet Kempers)最近所指出，是大多数波罗(Pāla)样式青铜像的特征[1]。藏族艺术中它仅出现于早期，如塔波寺、托林寺(tho ling)、恰果寺(chags mgo)等；而后期，被简单的头光或头光与身光重叠的样式所替代。

仅此装饰细部就已凸显塔波寺的古老，以及它不仅与仁钦桑波传中提及的克什米尔艺术有联系，还与东印度艺术流派有直接联系，因为塔波寺营建时波罗艺术最为出类拔萃。

这并不意味着如今所见的塑像是寺院初建时所造，有证据使我
28 们得出相反结论；但可以肯定一点，即使塑像被重塑过，它们也或多或少摹仿了古有的原作。

三、祖拉康塑像表现的大日如来部

这些塑像表现的究竟是什么？弗兰克(Francke)假设他们表现的是印度众神中的三十三天众[2]。

沃格尔(Vogel)认为这个观点很牵强。印度教神祇怎么会在佛寺中占据了主尊位置？它们在佛教图像中仅仅是佛陀的眷属或供养者，即完全处于从属地位。

三十三天众只是文献记载互有出入的一份名录，而不是活在信众信仰中的宗教真实；我们亦无法忽视塔波寺塑像完全没有印度教神祇的传统标识这一事实。

---

[1] A. J. Bernet Kempers, "The Bronzes of Nālandā and Hindu-Javanese Art", *Bijdragen tot de Taal-, Land- en Volkenkunde van Nederlandsch-Indië*, 90, 1933, pp. 1–88, figs. 1–33 (reprint: Leiden, Late E. J. Brill, 1933). 其他例子参见 J. A. Page, "Nalanda Museum", *Annual Report of the Archaeological Survey of India*, 1928–1929, pp. 144–145, plate LVII。

[2] A. H. Francke, *Antiquities of Indian Tibet*, part I (*Personal Narrative*), p. 38.

更奇怪的是，萨特沃斯(Shuttleworth)在关于拉隆寺(lha lung)研究的注释中提到弗兰克(Francke)坚持认为塑像是被苯教影响而改造的印度教神祇[1]。只要想到仁钦桑波在西藏西部大部分令人钦佩的活动就是反对苯教，意欲将苯教和苯教的每一个痕迹从佛教信众中剔除，那么将苯教信仰和仁钦桑波所建寺院联系便显得荒谬 *29*
离奇。

比定这些天众必须另辟蹊径：我们应当留意，在藏族图像学中，当发现一系列彼此间有明显联系的身形时，例如此处，那么我们面对的就是一个曼荼罗，其中表现有藏文称为 gtso bo 的主尊和藏文称为 'khor（对应于梵文 parivāra）的眷属天众。塔波寺的主尊是大日如来(Vairocana)，从其手印(mudrā)一见得知，因此这里表现的是仁钦桑波属寺中最常见的与大日如来有关的曼荼罗。但大日如来的成就法有许多。如在怛特罗(tantra)中经常发生的，同样的证悟以不同的修法来实现。这些修法由译师从印度迎请法本及其讲说、灌顶传规，译介入藏，被称为教授(āmnāya)或传承(sampradāya)。墙壁上诸画师要表现的是大日如来的哪个传规呢？显然，塔波寺表现的图像是普明大日如来部(Sarvavid Vairocana, kun rig rnam par snang mdzad)[2]。关于此部的大量法本在萨迦派(sa skya pa)和格鲁派(dge lugs pa)均很常 *30*
见，就我所知，只有这两派还保留着这一特殊修法的观想和成就。

四、普明大日如来部的若干藏文文献

关于这一题目，大多数的材料是仪轨文献，与获得怛特罗成就的实际观修过程的加行仪轨有关。部分文献含有必须表现在曼荼

---

[1] "弗兰克博士认为塔波寺大日如来殿(rnam par snang mdzad)的三十二身泥塑称为普明天众(kun rig lha tshogs)，是被苯教观念改造的印度教神祇。" H. L. Shuttleworth, *Lha-luṅ Temple, Spyi-ti*, Calcutta, Government of India Central Publication Branch, 1929, p. 4, n. 2.

[2] 译者注：图齐在《梵天佛地》第四卷，第一册，第 84 页注释中对此比定有所修正，他认为塔波寺表现的曼荼罗属于金刚界曼荼罗，尽管四面大日如来分成了四身。

罗或重现在作为观想基础的布画(paṭa)中的对每位本尊的观想(dhyāna)〔1〕,显然它们从图像学角度提供了一份宝贵资料。

我所发现的关于普明(kun rig)的文献都属于萨迦派(sa skya pa),总结如下:

1. དཔལ་ཀུན་རིག་གི་ཆོ་ག་གཞན་ཕན་མཐའ་ཡས་དང་དེ་ལ་ཉེ་བར་མཁོ་བའི་ཆོ་གའི་ཡན་ལག་དུ་མ་བཅས་པ་ཕྱོགས་གཅིག་ཏུ་བགྱིས་པ་ཀུན་རིག་གི་ཆོ་ག་གཞན་ཕན་ལྷུན་གྲུབ། *dpal kun rig gi cho ga gzhan phan mtha' yas dang de la nye bar mkho ba'i cho ga'i yan lag du ma bcas pa phyogs gcig tu bgyis pa kun rig gi cho ga gzhan phan lhun grub*
   衮噶索南札巴坚赞贝桑波(kun dga' bsod nams grags pa rgyal mtshan dpal bzang po):[吉祥无边利他普明仪轨及多种必需仪轨合集・普明仪轨利他天成]
2. དཔལ་ཀུན་རིག་གི་དཀྱིལ་འཁོར་ཡོངས་རྫོགས་ཀྱི་སྒྲུབ་ཐབས་སྒྲིབ་པ་རྣམ་སེལ། *dpal kun rig gi dkyil 'khor yongs rdzogs kyi sgrub thabs sgrib pa rnam sel*
   衮噶桑波(kun dga' bzang po):[吉祥普明曼荼罗圆满成就・去除盖障]
3. ཀུན་རིག་གི་སྒོ་ནས་ཚེ་འདས་རྗེས་སུ་འཛིན་ཚུལ། *kun rig gi sgo nas tshe 'das rjes su 'dzin tshul*〔2〕
   31 更敦朗杰(dge 'dun rnam rgyal):[由普明命终随持法]
4. ཀུན་རིག་རྩ་བའི་དབང་གིས་འཚམས་སྦྱོར་བློ་གསལ་ཀུན་དགའ། *kun rig rtsa ba'i dbang gis 'tshams sbyor blo gsal kun dga'*
   贡却伦珠(dkon mchog lhun grub):[普明根本灌顶结合・明慧俱喜]

这些文献中,第一个最重要,因为它包括所有的观想次第,即描述了在该曼荼罗成立的不同阶段观想如何发展,或者圆满该曼荼罗

---

〔1〕关于布画(paṭa),参见 M. Lalou, *Iconographie des étoffes peintes (paṭa) dans le* Mañjuśrīmūlakalpa, Paris, Librairie Orientaliste P. Geuthner, 1930。

〔2〕译者注:该论书的作者应为四世班禅洛桑曲吉坚赞(blo bzang chos kyi rgyal mtshan),参见[E. De Rossi Filibeck, *Catalogue of the Tucci Tibetan Fund in the Library of IsMEO*, Rome, Istituto Italiano per il Medio ed Estremo Oriente, 1994, vol. I, p. 118]。

的仪轨。依据该文献,此曼荼罗有三十七尊天众,这与我们将要谈到的汉译佛经一致。如图版所示,塔波寺祖拉康只有三十三尊塑像,包括第十八尊——我无法拍摄——是现代重塑的护法像(dharmapāla),以及作为全殿图像中心的四身一体造像。在协调文献中的名录与塔波寺实际塑像数量的表面分歧之前,可以先列出曼荼罗的三十七尊天众,描绘其观想(dhyāna),并尽可能提供其真言。真言是以音声表达的天众所象征的境界,了知真言密意即拥有了开启天众所象征的心境的钥匙。这意味着每一境界、即每位本尊都有自己的真言。由此可知,真言对图像学尤其重要:只要在任何绘画或其他表现方式中有真言,就可毫不迟疑地确认与之相对应的本尊。

塔波寺诸尊的比定将基于以下描述[1]。 32

五、普明三十七天众的图像学描述

1. 普明大日如来(Sarvavid Vairocana)坐于(莲台月轮)宝座上[2],呈金刚跏趺坐(vajraparyaṅka)[3]。白色,四面,主面向东,据怛特罗仪轨术语,即面向修法者(sādhaka),或一般而言,面向瞻视者。双手施禅定印(samādhimudrā),即右手手背置于左手手掌上,齐于腹部。
   真言:oṃ sarvavid sarvāvaraṇa viśodhaya hana hūṃ phaṭ。
2. 东:清净王如来(sbyong ba'i rgyal po),粉红色(字面义:白里微透红色)[4],施禅定印(samādhimudrā)。
   真言:oṃ sarvavid hūṃ。

---

〔1〕 文献参看附录(五)。

〔2〕 参见《梵天佛地》第一卷,第 60 页。

〔3〕 参见《梵天佛地》第一卷,第 49 页。

〔4〕 但是据宗喀巴(前引书第 37 叶,I),为白色,手持白色五股金刚杵。
译者注:此处指后文提到的 དཔལ་རྣམ་པར་སྣང་མཛད་ཀྱི་སྒོ་ནས་ངན་སོང་ཐམས་ཅད་ཡོངས་སུ་སྦྱོང་བའི་དཀྱིལ་འཁོར་གྱི་ཆོ་ག་རྒྱུད་དོན་གསལ་བ། *dpal rnam par snang mdzad kyi sgo nas ngan song thams cad yongs su sbyong ba'i dkyil 'khor gyi cho ga rgyud don gsal ba* [由吉祥大日如来一切恶趣清净曼荼罗仪轨·显明怛特罗义],经核对,应为第 9 叶背面。

3. 南：宝生佛(rgyal mchog rin chen)，蓝色，右手施与愿印(varadamudrā)[1]，左手施禅定印(samādhimudrā)。

   真言：oṃ sarvavid phaṭ。

4. 西：释迦种王佛(shā kya rigs dbang)，黄色，施转法轮印(dharmacakra)[2]。

   真言：oṃ sarvavid aḥ。

33 5. 北：花盛如来(me tog cher rgyas)，绿色，右手施无畏印(abhayamudrā)[3]，左手施禅定印(samādhimudrā)。

   真言：oṃ sarvavid tra tha[4]。

6. 东南：佛眼母(Locanā, spyan ma)，白色，右手持佛眼法轮。

   真言：oṃ buddhalocani[5] hūṃ。

7. 西南：忙莽计母(Māmakī)，蓝色，右手持金刚杵[6]。

   真言：oṃ vajramāmaki[7] trāṃ。

8. 西北：白衣母(Pāṇḍarā, Pāṇḍaravāsinī, gos dkar mo)，红色，右手持莲花。

   真言：oṃ vajrapāṇḍare dehi dehi siddhiṃ bodhiṃ[8] lokitaraṃ pa[9] svāhā。

9. 东北：度母(Tārā, sgrol ma)，绿色，右手持青莲花(utpala)。

   真言：oṃ vajratāre tutāre[10] ture hūṃ hūṃ hūṃ sva sva sva svāhā。

10. 金刚萨埵(Vajrasattva, rdo rje sems dpa')，白色，右手持金刚杵，

---

[1] 即手掌向外，手指向下。

[2] 据宗喀巴，施禅定印(samādhimudrā)，持有金刚杵标识的莲花。

[3] 手掌向外，手指向上；据宗喀巴，右手施无畏印(abhayamudrā)并持交杵金刚(viśvavajra)。

[4] 译者注：宗喀巴写作 ṭa。

[5] 译者注：宗喀巴写作 ne。

[6] 据宗喀巴，持于胸前(thugs kar 'dzin pa)。

[7] 译者注：宗喀巴写作 kī。

[8] 译者注：宗喀巴写作 siddhīṃ bodhi。

[9] 据宗喀巴，lokottariṃ pā。

[10] 译者注：宗喀巴写作 tuttāre。

左手持铃。

真言：oṃ vajrasattva hūṃ。

11. 金刚王(Vajrarāja, rdo rje rgyal po)，黄色，持钩(lcags kyu)。

真言：oṃ vajrarāja jaḥ。

12. 金刚爱(Vajrarāga, rdo rje chags pa)，红色，持弓和箭。

真言：oṃ vajrarāga ho[1]。

13. 金刚喜(Vajrasādhu, rdo rje legs pa)，绿色，作金刚弹指状 34
(acchaṭā)[2]。

真言：oṃ vajrasādhu dhu。

14. 金刚宝(Vajraratna, rdo rje rin chen)，黄色，右手持宝置于前额，左手持铃置于体侧。

真言：oṃ vajraratna traṃ。

15. 金刚光(Vajratejaḥ, rdo rje gzi brjid)或日(Sūrya, nyi ma)[3]，金黄色，右手持日轮。

真言：oṃ vajrateja rya。

16. 金刚幢(Vajraketu, rdo rje rgyal mtshan)，绀色[4]，持如意幢。

真言：oṃ vajraketu bhrīḥ[5]。

17. 金刚笑(Vajrahāsa, rdo rje bzhad pa)，白色，戴象牙鬘。

真言：oṃ vajrahāsa ha[6]。

18. 金刚法(Vajradharma, rdo rje chos)，红白色，左手持莲花，右手作开启莲瓣状。

---

〔1〕 译者注：宗喀巴写作 hoḥ。

〔2〕 译者注：原书写作 ācchoṭana。

〔3〕 *bstan 'gyur*［丹珠尔］，释怛特罗部(rgyud 'grel)，zi 函，第 122 叶。
译者注：*Sarvatathāgatatattvasaṃgrahamahāyānābhisamayanāmatantratattvālokakarīnāmavyākhyā* (*de bzhin gshegs pa thams cad kyi de kho na nyid bsdus pa theg pa chen po mngon par rtogs pa zhes bya ba'i rgyud kyi bshad pa de kho na nyid snang bar byed pa*)［一切如来真性集大乘现观怛特罗释真性光作］，《西藏大藏经总目录》第 2510 号。

〔4〕 据宗喀巴，蓝色(sngon po)。

〔5〕 译者注：宗喀巴写作 bhrī。

〔6〕 译者注：宗喀巴写作 hā。

真言：oṃ vajradharma[1] hrīḥ。

19. 金刚利(Vajratīkṣṇa, rdo rje rnon po)，蓝色，右手持利剑，左手持般若经函。

真言：oṃ vajratīkṣṇa dhriḥ[2]。

20. 金刚因(Vajrahetu, rdo rje rgyu)，黄色，右手中指旋转八辐法轮。

真言：oṃ vajrahetu kruṃ。

21. 金刚语(Vajrabhāṣa, rdo rje smra ba)，红色[3]，持金刚舌。

真言：oṃ vajrabhāṣa bha。

35 22. 金刚业(Vajrakarma, rdo rje las)，杂色，右手持交杵金刚(viśva-vajra)[4]，左手持铃置于体侧。

真言：oṃ vajrakarma[5] kaṃ。

23. 金刚护(Vajrarakṣa, rdo rje bsrung ba)，黄色，持金刚铠。

真言：oṃ vajrarakṣa raṃ。

24. 金刚药叉(Vajrayakṣa, rdo rje gnod sbyin)，黑色，双手持吐出至脸左右的獠牙。

真言：oṃ vajrayakṣa kṣaṃ。

25. 金刚拳(Vajrasandhi, rdo rje khu tshur)[6]，黄色，持两个五股金刚杵。

真言：oṃ vajrasandhi saṃ[7]。

26. 金刚嬉女(Vajralāsyā, rdo rje sgeg mo)，白色，持两个金刚杵。

真言：oṃ vajralāsye[8] hūṃ。

27. 金刚鬘女(Vajramālā, rdo rje 'phreng ba ma)，黄色，双手持鬘。

---

〔1〕 译者注：宗喀巴写作 vajradharmmaḥ。

〔2〕 译者注：宗喀巴写作 vajratīkṣa dhrīḥ。

〔3〕 译者注：据宗喀巴，红铜色(zangs kyi mdog can)。

〔4〕 交杵金刚的意思在《梵天佛地》第一卷，第 63 页已有说明。

〔5〕 译者注：宗喀巴写作 vajrakarmāḥ。

〔6〕 或者是金刚拳(Vajramuṣṭi)，*bstan 'gyur*［丹珠尔］，释怛特罗部(rgyud 'grel)，zi 函，第 35 叶。
译者注：原书写作 shi 函。

〔7〕 译者注：宗喀巴写作 vajrasindhiṇṭaṃ。

〔8〕 译者注：宗喀巴写作 vajralasya。

真言：oṃ vajramālā[1] trāṃ。

28. 金刚歌女(Vajragītā, rdo rje glu ma)，红色[2]，持琵琶。

真言：oṃ vajragīte hrīḥ。

29. 金刚舞女(Vajranṛtyā, rdo rje gar ma)，绿色[3]，双手持三股金刚，并起舞。

真言：oṃ vajranṛti aḥ[4]。

30. 金刚烧香女(Vajradhūpā, bdugs spos ma, bdug pa ma)，白色，持香炉。

真言：oṃ vajradhūpe hūṃ。

31. 金刚花女(Vajrapuṣpā, rdo rje me tog ma)，黄色，持花篮。 36

真言：oṃ vajrapuṣpe trāṃ。

32. 金刚灯女(Vajrālokā, rdo rje mar me ma)，红白色，持灯。

真言：oṃ vajrāloke hrīḥ。

33. 金刚涂香女(Vajragandhā, dri chab ma)，绿色[5]，持盛有香水的小螺。

真言：oṃ vajragandhe aḥ[6]。

34. 金刚钩(Vajrāṅkuśa, rdo rje lcags kyu)，白色，双手持钩。

真言：oṃ vajrāṅku śa jaḥ。

35. 金刚索(Vajrapāśa, rdo rje zhags pa)，黄色，双手持索。

真言：oṃ vajrapāśa hūṃ。

36. 金刚链(Vajrasphoṭa, rdo rje lcags sgrog)，红色[7]，持链。

真言：oṃ vajras photra[8] baṃ。

---

〔1〕 译者注：宗喀巴写作 vajramāle。

〔2〕 译者注：据附录（五）文献及宗喀巴，红白色。

〔3〕 宗喀巴：杂色，持两个金刚杵。

〔4〕 译者注：宗喀巴写作 vajranṛtya āḥ。

〔5〕 宗喀巴：杂色。

〔6〕 译者注：宗喀巴写作 āḥ。

〔7〕 宗喀巴：红白色：dkar dmar。

〔8〕 原文如此。
译者注：宗喀巴写作 vajraspoṭṭa。

37. 金刚铃(Vajraghaṇṭa, rdo rje dril bu)，绿色[1]，持铃。

真言：oṃ vajraghaṇṭa ho[2]。

六、普明及其相关部组的印度文献

藏文仪轨论书全部源于印度经论；我们必须重申，藏人只是释
迦牟尼之土萌生的佛教证验的忠实继承者和精确阐释者。因此，自
37 然而然可推想普明部组源于某一怛特罗传规，并与特定的印度灌顶
传承有关。我对大量怛特罗文献的研究完全证实了这个推论。

普明部组的来源之一显然有其怛特罗指向，此种指向以藏译粗劣冠名为 *Sarvadurgatipariśodhanatejorājāya*[3] *arhate samyaksambuddhasyakalpanāma*［阿罗汉等正觉之一切恶趣清净威光王仪轨］的经本为轴心；该经收录于 *bka' 'gyur*［甘珠尔］中，由寂藏(Śāntigarbha)和胜护(Jayarakṣita)翻译，仁钦乔(rin chen mchog)校订。梵文本也可找到，在加尔各答和剑桥有存[4]。经本以其救度特色在藏地从宗喀巴时代以来就备受尊崇，宗喀巴曾写过一篇长论：ངན་སོང་སྦྱོང་བའི་རྒྱུད་རྗེའི་གསུང་གི་མཆན་དང་བཅས་པ། *ngan song sbyong ba'i rgyud rje'i gsung gi mchan dang bcas pa*［恶趣清净怛特罗释义］[5]；他还写过一部有关该部组曼荼罗的论书：དཔལ་རྣམ་པར་སྣང་མཛད་ཀྱི་སྒོ་ནས་ངན་སོང་ཐམས་ཅད་ཡོངས་སུ་སྦྱོང་བའི་དཀྱིལ་འཁོར་གྱི་ཆོ་ག་རྒྱུད་དོན་གསལ་བ། *dpal rnam par snang mdzad kyi*

[1] 在第 23 叶以及宗喀巴的著作中以金刚入(Vajrāveśa, rdo rje 'bebs pa)代替金刚铃(Vajraghaṇṭa)。宗喀巴：杂色。

[2] 译者注：宗喀巴写作 hoḥ。

[3] 原文如此。

[4] C. Bendall, *Catalogue of the Buddhist Sanskrit Manuscripts in the University Library Cambridge*, Cambridge, Cambridge University Press, 1883, pp. 78–79, 81, 94, 142–143; H. Shastri, *A Descriptive Catalogue of Sanskrit Manuscripts in the Government Collection under the Care of the Asiatic Society of Bengal*, Calcutta, The Baptist Mission Press, 1917, vol. I (*Buddhist Manuscripts*), pp. 42–44.

[5] *rgyal ba tsong kha pa chen po'i bka' 'bum*［宗喀巴文集］, tha 函。

sgo nas ngan song thams cad yongs su sbyong ba'i dkyil 'khor gyi cho ga rgyud don gsal ba［由吉祥大日如来一切恶趣清净曼荼罗仪轨・显明怛特罗义］[1]。

这些经论均包含对恶趣清净曼荼罗(Durgatipariśodhanamaṇḍala)的描述,其与上面研究的天众名录完全对应,无疑是后者的源头。经论中可见相同的天众名录,诸尊在曼荼罗中的配列也一致,仅在图像细部有些许差异,而这在念智称(Smṛtijñānakīrti)、庆喜藏(Ānandagarbha)与如意牛(Kāmadhenu)等印度论师中已有分歧,宗喀巴在其重要注疏中对这些已全部指出,我也提到了其中最主要的一些[2]。 38

印度传统并不局限于这一经本,其并非孤例,而与论述金刚界曼荼罗(Vajradhātumaṇḍala)象征性的大部怛特罗文献密切相关,而且更有利的是这些怛特罗文献还保留于汉译经论中。

Sarvatathāgatatattvasaṃgraha［一切如来真性集］是最古老的怛特罗之一,在佛教诸派中传播甚广,还含有上述给我们提供最初信息的藏文经本中的部组。*Tattvasaṃgraha*［真性集］的译本在 *bka' 'gyur*［甘珠尔］和汉译佛经中有存[3];其梵文原本似已佚失[4],但在尼泊尔我发现了一个辑本,称为 *Sarvatathāgatābhisamayamahākalparāja*［一

---

〔1〕 *rgyal ba tsong kha pa chen po'i bka' 'bum*［宗喀巴文集］, na 函。

〔2〕 译者注:译者核对了图齐所用的衮噶索南札巴坚赞贝桑波的［吉祥无边利他普明仪轨及多种必需仪轨合集・普明仪轨利他天成］,以及宗喀巴的［由吉祥大日如来一切恶趣清净曼荼罗仪轨・显明怛特罗义］,对其中图齐未提及的差异均以译者注的形式标注。

〔3〕 H. Beckh, *Verzeichnis der tibetischen Handschriften der Königlichen Bibliothek zu Berlin*, Berlin, Behrend and Co., 1914, erste Abteilung (Kanjur［Bkah・hgyur］), pp. 91 –92.
《大正藏》第 18 册:《金刚顶一切如来真实摄大乘现证大教王经》,经号 865,以及《金刚顶瑜伽中略出念诵经》,经号 866;比较《佛说一切如来真实摄大乘现证三昧大教王经》,经号 882。

〔4〕 译者注:［真性集］已有梵文精校本。［Isshi Yamada (edited by), *Sarva-tathāgata-tattva-saṅgraha nāma Mahāyāna-sūtra: A Critical Edition Based on a Sanskrit Manuscript and Chinese and Tibetan Translations*, New Delhi, Sharada Rani, 1981］.

切如来现证大仪轨王］，它与汉译 *Tattvasaṃgraha*［真性集］一致，因此，应该将它看作汉译本的某种底本。

Tattvasaṃgraha［真性集］是汉地金刚乘(Vajrayāna)的基本经论之一，也是仁钦桑波的译作之一。在仁钦桑波的时代，该怛特罗在他的学派中研习尤甚，这可由如下事实得以证明：仁钦桑波除了翻
39 译该经本本身，还翻译了其重要注疏之一，即庆喜藏(Ānandagarbha)的 *Tattvālokakarī*［真性光作］，以及该传规的众多仪轨论书，它们大部都给出了该部组三十七尊天众的图像表征。

可以说塔波寺是仁钦桑波时代西藏西部盛行的修密方法的立体反映，祖拉康则几乎是译师为将印度甚深成就法移植到乡土和子民中而进行译事的建筑对应。换句话说，建造寺院的理念和宗教动机要从 *Tattvasaṃgraha*［真性集］以及相关的怛特罗仪轨所表达和象征的灌顶教义中找寻。

七、［真性集］中的大日如来曼荼罗

庆喜藏(Ānandagarbha)注疏中的天众名录与藏文文本关于普明(kun rig)部组的记述完全一致，差异只是五佛和明妃(śakti)的尊号，但仅仅是尊号的改变，天众本身明显一样。由于 *Tattvasaṃgraha*［真性集］注疏中描述的曼荼罗在某种意义上是对前述名录的完善，即使从图像学角度而言，也十分重要，因此我将其要点概括如下[1]。

40 按照传统简要地描述五方佛后[2]，余者为：

6. 金刚萨埵女(Vajrasattvī)，五股金刚杵，红色。
7. 金刚宝女(Vajraratnā)，五股金刚杵，杵尖是如意宝(cintāmaṇi)[3]。

---

〔1〕 *bstan 'gyur*［丹珠尔］，释怛特罗部(rgyud 'grel)，zi 函，第 121 叶，它们在中日传统图像学中的表现参见《密教大辞典》（卷中）中该曼荼罗的诸尊尊号条目，以及《大正藏》图像部。

〔2〕 参见本册第 55 页，注释 2。

〔3〕 译者注：据刻本，应为如意宝顶端饰以五股金刚杵(yid bzhin gyi nor bu rin po che ni rtse mo rdo rje rtse lnga pas mtshan pa'o)。

8. 金刚法女(Vajradharmā),十六瓣莲花,红白色,八瓣向下,八瓣向上,其中间插五股金刚杵。
9. 金刚业女(Vajrakarmā),持五色十二股交杵金刚(viśvavajra)。
10. 金刚萨埵(Vajrasattva),白色,左手持铃置于体侧,右手以中指施天杖印(khaṭvāṅgamudrā)并持五股金刚杵齐于胸前。
11. 金刚王(Vajrarāja),黄色,持钩。
12. 金刚爱(Vajrarāga),红色,持弓和箭。
13. 金刚喜(Vajrasādhu),绿色,结金刚拳(vajrasandhi),作赞同态。
14. 金刚宝(Vajraratna),黄色,左手持铃,右手持金刚,金刚顶端有如意宝珠(cintāmaṇi)[1]。
15. 金刚日(Vajrasūrya),日色,右手持日轮,左手靠于座处。
16. 金刚幢(Vajraketu),绀色,右手持如意宝幢,左手靠于座处。
17. 金刚笑(Vajrahāsa),白色,右手持系着两个花环的金刚杵[2],左手靠于座处。
18. 金刚法(Vajradharma),红白色,左手于体侧持金刚莲花,右手于胸前展莲瓣。 41
19. 金刚利(Vajratīkṣṇa),蔚蓝色,左手于胸前持般若(Prajñāpāramitā)经函,右手持剑。
20. 金刚因(Vajrahetu),金色,右手中指尖转八辐法轮,左手靠于座处。
21. 金刚语(Vajrabhāṣa),铜色,右手持金刚舌,左手靠于座处。
22. 金刚业(Vajrakarma),杂色,白面、腰间及双手为浅蓝色[3],左手持有铃的交杵金刚(viśvavajra)[4],右手中指持交杵金刚齐于胸前。
23. 金刚护(Vajrarakṣa),黄色,双手之间持金刚铠。
24. 金刚药叉(Vajrayakṣa),黑色,双手把持从嘴中突出的獠牙。

---

〔1〕 译者注:据刻本,应为如意宝(cintāmaṇi)顶端饰以五股金刚杵。

〔2〕 译者注:据刻本,应为右手持顶端有金刚杵的两个牙鬘。

〔3〕 译者注:据刻本,该菩萨的其余部分为蓝色,从面部以下至腰间为浅红色,两腿为淡黄色,从两胫至足为白色。

〔4〕 译者注:据刻本,应为带金刚柄之铃。

25. 金刚拳(Vajrasandhi)，黄色，结誓言拳(samayamuṣṭi)之两手中置金刚杵。
26. 嬉女(Lāsyā)，黄和白色，持两个金刚杵。
27. 鬘女(Mālā)，黄色，宝鬘。
28. 歌女(Gītā)，淡红色，持琵琶。
29. 舞女(Nṛtyā)，如金刚业(Vajrakarma)，持三股金刚杵。
30. 烧香女(Dhūpā)，白色，持香炉。
31. 花女(Puṣpā)，黄色，左手持花篮，右手向佛散花雨。
32. 灯女(Dīpā)，淡红色，持火炬。
33. 涂香女(Gandhā)，绿色〔1〕，左手持盛有香水的小螺，右手以香云供佛。
42 34. 金刚钩(Vajrāṅkuśa)，白色，持钩。
35. 金刚索(Vajrapāśa)，黄色，持索。
36. 金刚链(Vajrasphoṭa)，红色〔2〕，持链。
37. 金刚入(Vajrāveśa)，杂色，右手持铃，左手靠于座处。

八、五部及五部曼荼罗

普明部组和金刚界曼荼罗(Vajradhātumaṇḍala)既没有囊括大日如来成就法的所有象征性表现，也没有穷尽源自 *Tattvasaṃgraha*［真性集］或类似怛特罗文献、致力于使修法者与经本开示的真实无二合一的学派仪轨相关的成就法的所有象征性表现。

这些学派以下面将详细讨论的五分法，把由无分本识引发的世界的不同生起分为五类，即五部：轮部（佛部）、金刚部、莲花部、宝部和剑部（羯磨部）。五部分属五佛，它们囊括一切有为法或不同根器的有情。

因此，灌顶(abhiṣeka)必须由古鲁(guru)根据弟子或生来具有、或后天修习所得、或证得五智之一所对应的部姓而授予，其分为五类：佛

〔1〕 译者注：据刻本，应为如舞女杂色。
〔2〕 译者注：据刻本，应为淡红色。

灌顶(buddhābhiṣeka)、金刚灌顶(vajrābhiṣeka)、宝灌顶(ratnābhiṣeka)、莲花灌顶(padmābhiṣeka)、羯磨灌顶(karmābhiṣeka)。每一灌顶均可视为 43
五种杂染的对治(例如:ཞི་ཁྲོ་དགོངས་པ་རང་གྲོལ་གྱི་ཆོ་ག་སྡིག་སྒྲིབ་རྣམ་པར་སྦྱོང་བ། *zhi khro dgongs pa rang grol gyi cho ga sdig sgrib rnam par sbyong ba* [静怒密意自度仪轨・净治罪障])[1]。

九、宝　部

我们已经知道金刚部所对应的仪轨和图像,其他部亦如此,有用于不同灌顶的相应的仪轨和曼荼罗。例如,庆喜藏(Ānandagarbha)的 *Ālokakarī* [真性光作]所描述的大日如来曼荼罗分别依循莲花部和宝部[2]。

这些天众大部与金刚界曼荼罗(Vajradhātumaṇḍala)中的相同,不同之处仅在于诸尊名号前冠有莲花(padma)或宝(ratna),也就是说,莲花或宝凸显于天众的标识中:

1. 大日如来,由四印(mudrā)围绕。
2. 代替金刚萨埵女(rdo rje sems ma),五股宝金刚杵。
3. 代替金刚宝女(rdo rje rin chen ma)[3],宝念珠。
4. 代替金刚法女(rdo rje chos ma),十六瓣莲花上置如意宝(cintāmaṇi)。
5. 代替羯磨金刚女(las kyi rdo rje ma),在宝十字中的由宝制成的金刚杵。
6. 一切义成就佛(bcom ldan 'das don thams cad sgrub pa),左手铃, 44
右手施与愿印(varadamudrā)。
7. 宝杖女(nor bu'i mtshon cha ma)[4],左手铃,右手持宝金刚杵齐于胸前。

---

[1] 汉译佛经也如此,参见《密教大辞典》,第631页,"五部灌顶"条。
[2] *bstan 'gyur* [丹珠尔],释怛特罗部(rgyud 'grel),'i 函,第36叶往后及第127叶往后。
[3] 译者注:据刻本,应为宝金刚女(rin chen rdo rje ma)。
[4] 译者注:据刻本,应为宝相女(nor bu'i mtshan ma)。

8. 宝幢(rin chen rgyal mtshan)[1],持宝钩。
9. 宝爱(nor bu'i chags pa),宝弓和箭。
10. 宝喜(rin chen legs pa),双手作赞同态。
11. 宝见(rin chen lta ba),头系宝鬘,宝鬘有带有双眼的宝冠。
12. 宝鬘(rin chen phreng ba),与上同,但宝鬘无眼睛。
13. 宝日(nor bu'i nyi ma),右手持宝日轮,左手靠于座处。
14. 宝吉祥(nor bu'i dpal),右手持如意宝幢,左手靠于座处。
15. 宝笑(rin chen bzhad pa),双手持象牙鬘,其两端有宝金刚杵[2]。
16. 宝莲三摩地(rin chen pad ma'i ting nge 'dzin),持十六瓣如意宝莲花。
17. 舍三摩地智藏(gtong ba ting nge 'dzin ye shes kyi snying po),持十六瓣宝莲花,右手于胸前展莲瓣。
18. 宝利(rin chen rnon po),左手于胸前持般若经(Prajñāpāramitā)宝
45 函,右手持宝剑。
19. 宝轮(nor bu'i 'khor lo),右手中指尖转八辐宝轮,左手靠于座处。
20. 宝语(nor bu'i gsung ba),右手持宝舌,左手靠于座处。
21. 宝雨(rin chen char 'bebs),左手持有交杵宝金刚的铃,右手做降宝雨势。
22. 宝供养(rin chen mchod pa),左手同上,右手于胸前持交杵宝金刚。
23. 宝护(nor bu'i bsrung ba),持宝铠。
24. 宝药叉(nor bu'i gnod sbyin),黑色,双手把持从嘴中突出的宝牙。
25. 宝拳(nor bu'i khu tshur),结誓言拳之两手中持五股宝金刚杵。
26. 宝嬉女(rin chen sgeg mo),持两个宝金刚杵,头左倾。
27. 宝鬘女(rin chen phreng ba ma),以宝鬘于一切如来做灌顶。
28. 宝歌女(rin chen glu ma),弹奏宝琵琶势。
29. 宝舞女(rin chen gar ma),双手持宝金刚杵,并起舞。

---

[1] 译者注:据刻本,应为宝王(rin chen rgyal po)。
[2] 译者注:据刻本,应为右手持象牙鬘,其两端是宝金刚石,左手靠于座处。

30. 宝烧香女(rin chen bdug pa ma)，持宝香炉。
31. 宝花女(rin po che'i me tog)，左手持宝花篮，右手向佛散宝花雨。
32. 宝灯女(rin po che'i mar me ma)，持宝供灯。 *46*
33. 宝涂香女(rin po che'i byug pa ma)，左手持宝螺，右手散香云雨。
34. 宝钩(rin po che'i lcags kyu)，持宝钩。
35. 宝索(rin po che'i zhags pa)，持宝索。
36. 宝链(rin chen lcags sgrog)，持宝链。
37. 宝入(rin po chen 'bebs pa)，持宝铃。

十、莲花部

1. 大日如来，白色，四面，智拳印(bodhyagrīmudrā)，标识：五股金刚杵。

   四印会：
2. 代替金刚萨埵女(Vajrasattvī)，五股莲金刚杵。
3. 代替金刚宝女(Vajraratnā)，如意宝(cintāmaṇi)顶端有莲花。
4. 代替金刚法女(Vajradharmā)，八瓣金刚莲花(vajrapadma)[1]。
5. 代替金刚业女(Vajrakarmā)，四瓣莲花，中心白色，四瓣分别为蓝、黄、红和绿。
6. 调伏众生世尊(bcom ldan 'das 'gro 'dul ba)，红白色，二臂，左手持莲茎，右手于胸前展莲瓣。
7. 莲花佛(sangs rgyas pad ma)，如释迦牟尼，黄色，左手持莲铃(padmaghaṇṭā)[2]，右手持饰莲花的天杖(khaṭvāṅga)[3]。
8. 莲花王(padma'i rgyal po)，黄色，四臂，右第一手持金刚杵，第二手持剑，左第一手持钩，第二手持莲花。 *47*
9. 莲花爱(padma'i chags)，红色，挽莲花弓箭。

---

[1] 译者注：据刻本，应为十六瓣。

[2] 即饰莲花的铃。

[3] 参见《梵天佛地》第一卷，第 67 页。
译者注：据刻本，应为右手以中指施天杖印(khaṭvāṅgamudrā)并持五股莲金刚杵齐于胸前。

10. 莲花喜(padma'i legs)，绿色，作莲花弹指状(padmācchaṭā)[1]。
11. 无量光('od dpag med)，红色，左手持莲花，右手施禅定印(samādhimudrā)。
12. 莲花颦眉(padma'i khro gnyer)，黄色，右手持莲如意宝(cintāmaṇi)，左手持莲铃(padmaghaṇṭā)。
13. 莲花日(padma'i nyi ma)，红色，左手持莲花，右手持位于莲花上的日轮。
14. 莲花吉祥(padma'i dpal)，白色，左手持莲如意宝幢(cintāmaṇi-dhvaja)[2]，右手施与愿印(varadamudrā)。
15. 莲花笑(padma'i bzhad pa)，白黄色，十一面、十二臂，前二手施转法轮印，另二手合十持花(puṣpāñjali)，其他手分别为，右手持象牙鬘、贝、剑和念珠[3]，左手持莲花、经函、如意宝(cintāmaṇi)和净瓶(kamaṇḍalu)。
16. 莲花三摩地(padma'i ting nge 'dzin)，帝释天(Indra)装束，红色的身体上有千眼，施禅定印(samādhimudrā)的左手持金刚莲花(vajrapadma)。
17. 莲花度母(padma'i sgrol ma)，与金刚法(Vajradharma)同。
18. 莲花童子(gzhon nu)，红色，与迦希吉夜(Kārttikeya)同，四臂，左手持般若波罗蜜多(Prajñāpāramitā)经函，右手持莲剑(padma-khaḍga)[4]。另一右手持戟，左手持莲花。
48
19. 莲花因(padma'i rgyu)，与遍入天(Viṣṇu)同，青颈，三眼，两只右手持轮和棒，两只左手持莲花和螺。
20. 莲花语(padma'i gsung)，与梵天(Brahmā)同，红白色，四面，两只右手持念珠和棍(dbyug pa)，两只左手持莲花和净瓶(kamaṇḍalu)。
21. 莲花不空自在(padma'i don yod pa'i dbang phyug)，与大（自在）

---

〔1〕 参见本册第 21 页。
译者注：原书写作 padmācchoṭana。

〔2〕 即绘有莲花的宝幢。

〔3〕 译者注：据刻本，应为右手持有印有莲花的金刚标识的牙鬘，第四、第五手分别持剑和念珠，一手于众生施安稳。

〔4〕 即饰有莲花的剑。

天(Mahādeva)同，四面，三眼，青颈，虎皮裙，二右手分别施与愿印(varadamudrā[1])和持莲花，二左手持三叉戟和剑，四面分别为蓝、黄、红和绿色。

22. 莲花舞自在(padma'i gar gyi dbang phyug)，与舞自在(Narteśvara)同，诸右手分别持莲花、钩、索，诸左手持三叉戟、链、铃，白色，三眼。

23. 莲花护(padma'i srung ba)，金色，第一右手施无畏印(abhayamudrā)，第一左手持莲花，其他两手持莲铠(padmakavaca)。

24. 莲花药叉(padma'i gnod sbyin)，黑色，双手把持从嘴中突出的莲牙。

25. 莲花拳(padma'i khu tshur)，黄色，持莲金刚杵。

26. 莲花嬉女(padma'i sgeg mo)，两手持两个五股莲金刚杵。

27. 莲花鬘女(padma'i phreng ba ma)，黄色，持莲花宝鬘。

28. 莲花歌女(padma'i glu ma)，红白色，弹奏饰有莲花的琵琶。

29. 莲花舞女(padma'i gar ma)，杂色，持三股莲金刚杵，并起舞。 49

30. 莲花烧香女(padma'i bdug pa ma)，红白色，持饰有莲花的香炉。

31. 莲花花女(padma'i me tog ma)，黄色，左手持莲花篮，右手以莲花供佛。

32. 莲花灯女(padma'i mar me ma)，浅红色，持莲灯。

33. 莲花涂香女(padma'i dri ma)，杂色，左手持莲香螺，右手以莲香供佛。

34. 马头明王(rta mgrin)，浅红色，持莲钩，中面有突出的獠牙，上有绿色马头。

35. 不空羂索(don yod pa'i zhags pa)，三眼四臂，右手持索、施与愿印(varadamudrā)，左手持棍、莲花。

36. 莲花链(padma'i lcags sgrog)，浅红色，持莲链。

37. 莲花入(padma'i 'bebs pa)，六面，右手持铃、戟和剑，左手持莲花、链和家禽(khyim bya)。

---

[1] 刻本于此处不清楚。

十一、曼荼罗的象征和密意

在逐一比定塔波寺塑像之前，应再一次注意大日如来曼荼罗天众无非是观想次第特定阶段的象征，正如普明大日如来(Sarvavid Vairocana)学派所表现的。如怛特罗义理所示，修法者(sādhaka)首先进入生起次第，然后为了解脱而逐渐达至圆满次第，这称之为没
50 入(laya)。在现证殊胜智、即内证俱生慧的圆满次第中，渐次决定性地消除无始以来的烦恼障(kleśāvaraṇa)与所知障(jñeyāvaraṇa)。二障消除后就可再次获得本净之状态，即凡夫变易身所重获的修道之果——菩提(bodhi)。菩提是净治烦恼分别的结果，其之所以能证得，是因为超越念念生灭诸法的如来藏就是本识，其离言绝相，却是诸法之源，同时又潜藏于众生中〔1〕。

由于众生本具佛性，返本归源和去染还净成为可能；它就是曼荼罗主尊大日如来所象征的清净光明，诸法从其生出，而渐次分离、扩散、物化、晦暗。

曼荼罗以承师多年后接受上师灌顶(abhiṣeka)的具足密教根器
51 的弟子能理解的象征性语言表达这些真实。弟子在观修中对教授进行彻底的证会，这将使他净除罪障，去除妄念，与其与所修习的本尊合一。

此种密意在普明大日如来曼荼罗中极其明显，天众在名号上保持其象征性，其法器标识也是如此，它们使受灌顶者迅即辨识诸尊，同时揭示了其内在的特殊联系，并且有利于定心一境。

因陀罗菩提(Indrabhūti)说：

> 金刚杵为菩提心，铃为般若（如此）说，断无知故谓为

---

〔1〕 如因陀罗菩提(Indrabhūti)在 *Jñānasiddhi*［智成就］中所说：无始无终而寂静，有无二者俱消泯，空性与悲无区别，此之谓为菩提心。其中对 bhāvābhāvākṣayaṃ 我们必须读作 bhāvābhava-kṣayaṃ；前半颂藏译稍有不同：thog ma tha ma med zhi ba / dngos dang dngos med rnam par spangs，无始无终而寂静，有无二者俱弃除。B. Bhattacharyya (edited by), *Two Vajrayāna Works*, Baroda, Oriental Institute, 1929, p. 75, v. 5.

轮，难于获求谓为宝；有之过患无染故，此种智慧谓莲花，断烦恼故谓为剑，由涌现故谓青莲。[1]

据宗喀巴的 *Guhyasamāja*［密集］注疏，五股金刚杵象征五智，大日如来的十二轮辐之轮象征战胜四魔[2]。

大乘佛教图像学广泛运用的一切标识都可作此诠释，它也被诸
怛特罗学派所遵循。这种诠释将图像变换成这些学派传承的经论 52
中复杂晦涩义理的象征形象，由此产生了大乘佛教艺术的特性：它并非着眼于装饰，而是纯粹内证和象征性的。大乘佛教的实质并不在于祈愿，而在于禅修，尤其是为了唤起禅静、观想和重新体验心理过程而将心止于一处，这需要印度论师所说的持(ādhāra)。甚至最为抽象的概念也被这些学派转化为象征，即世间可视形象，并且通过上师的注疏变成灌顶密语，成为成就舟筏。这些学派甚至为阿毗达磨或最抽象的论议也设定了立体或平面的形象。甚至在此处，塑像也是修证境界的象征，这由其名号前通常冠之的金刚、宝、莲花而得以更清晰的显示，它们的密意前文已述及。金刚字面意为钻石，实际上暗指自性清净和无染的方面，因此，它是不坏的，因为修证境界的特征之一就是证境不变，同时它也是诸法的实相。所以，这些天众代表观想次第和净治(śuddhi)的不同阶段，通过净治了知诸法
或法蕴内义，并通过此种智解，于观修中灭除诸法分别，这就是将生 53
灭变易的诸有为法融摄入超越有为、又统摄有为的无分别中。

例如，据下面我将详述的论书 *nā ra ka dong sprugs*［拔除地狱］所说，佛眼母(Locanā)象征地大的净化，相应的净化象征是：忙莽计母(Māmakī)水大，白衣母(Pāṇḍarā)火大，度母(Tārā)风大，金刚业

---

〔1〕 *Jñānasiddhi*［智成就］。B. Bhattacharyya (edited by), *Two Vajrayāna Works*, p. 80, v. 31ff.

〔2〕 རྒྱུད་ཐམས་ཅད་ཀྱི་རྒྱལ་པོ་དཔལ་གསང་བ་འདུས་པའི་རྒྱ་ཆེར་བཤད་པ་སྒྲོན་མ་གསལ་བའི་ཚིག་དོན་ཇི་བཞིན་འབྱེད་པའི་མཆན་གྱི་ཡང་འགྲེལ། *rgyud thams cad kyi rgyal po dpal gsang ba 'dus pa'i rgya cher bshad pa sgron ma gsal ba'i tshig don ji bzhin 'byed pa'i mchan gyi yang 'grel*［一切怛特罗王吉祥密集广释明灯之词义辨析再注］，第71、72叶。

(Vajrakarma)诸法常想,金刚索(Vajrapāśa)诸法断想,金刚链(Vajrasphoṭa)我想,金刚嬉女(Vajralāsyā)色,金刚鬘女(Vajramālā)鼻识,金刚歌女(Vajragītā)耳识,金刚舞女(Vajranṛtyā)舌识,金刚烧香女(Vajradhūpā)、金刚花女(Vajrapuṣpā)、金刚灯女(Vajrālokā)和金刚涂香女(Vajragandhā)象征过去、现在、未来和不定。

因陀罗菩提(Indrabhūti)在 *Jñānasiddhi*[智成就]中指出,五佛明妃(śakti)只是示现自身或被体证的般若不同方面的象征,是诸法本净光明的五重显现。这是印度中世纪怛特罗学派自身逐步成长的结果,它赋予根植于几个世纪以来由信众宗教经验而纂定的仪轨以全新的价值和意义。于是仪式行为舍弃了其纯宗教典礼的外
54 在特性,由世俗和民众中仍然保留的外供(bāhya pūjā)提升至内供(ādhyātmika pūjā)。仪式的每个阶段都被升华、赋有密意,在将修法者(sādhaka)最终提升至更高修证境界的次第净治(śuddhi)过程中,成为一出使大乘教派的甚深密意几乎完全可视化的象征性戏剧。

于是,供养(pūjā)次第或供物首先以天女来象征,因为通常成组出现在佛寺主尊旁边的金刚嬉女(Vajralāsyā)、金刚鬘女(Vajramālā)、金刚歌女(Vajragītā)、金刚舞女(Vajranṛtyā)、金刚烧香女(Vajradhūpā)、金刚花女(Vajrapuṣpā)、金刚灯女(Vajrālokā)、金刚涂香女(Vajragandhā)等就是天女,称为供养天女(mchod pa'i lha mo)。她们也可有不同的图像表现,起码个别细节与我们使用的文献有出入。

下一步,这些天女转变成秘密供养(pūjā)的象征,成为不使用异生凡夫缓慢净治的传统仪式的内供,提升为曼荼罗中以大日如来为象征的无分别光明。

曼荼罗天众数目也并非毫无意义:除去代表曼荼罗心髓的四面主尊、其在塔波寺表现为示现四方的四身[1],剩下的是三十六眷属天众。

---

[1] rnam par snang mdzad phyogs bzhir gzigs,大日如来观四方。*Vajradhātumahāmaṇḍalasarvadevavyavasthāna*[金刚界大曼荼罗诸天建立],*bstan 'gyur*[丹珠尔],释怛特罗部(rgyud 'grel),zhi 函,第 235 叶。
译者注:《西藏大藏经总目录》第 2504 号。

三十六在大乘佛教中是一个圣数，因为界(dhātu)有三十六；以音声力 55
量表达生起象征的真言字母为三十六，它们还被分为六种最胜(vara)，代表如来藏的另一种象征、最胜金刚持(Vara Kuliśadhara)[1]。

十二、宗喀巴所述普明曼荼罗密意

宗喀巴认为普明曼荼罗(Sarvavid Vairocana)就是大乘根本教义的象征图式[2]。中央的大日如来代表法性智(dharmatājñāna)，它不仅能了知诸法，而且是诸法自性，与自身同体(离取等等相，'dzin pa la sogs pa'i rnam pa dang 'bral[3])。

如清净光明般的法性智能引生出大圆镜智(ādarśajñāna)，由曼荼罗的第二如来代表，第三、第四和第五如来分别代表其他智慧：了知一切事相及自他皆平等，远离我、我所相(平等性智 samatājñāna)；巧妙观察诸法及其体性(妙观察智 pratyavekṣaṇājñāna)；成办众生所作事业(成所作智 kṛtyānuṣṭhānajñāna[4])。四明妃(śakti)代表
四解脱门(vimokṣamukha)，即通达诸法无自性的空门，通达诸法 56
无相的无相门，于三界无所愿求的无愿门，不造作生死之业的无作门。

---

[1] *Vimalaprabhā*［无垢光］，第四品。
译者注：全称为 *Vimalaprabhā nāma mūlatantrānusāriṇī Dvādaśasāhasrikā Laghukālacakratantrarājaṭīkā* (*bsdus pa'i rgyud kyi rgyal po dus kyi 'khor lo'i 'grel bshad/ rtsa ba'i rgyud kyi rjes su 'jug pa stong phrag bcu gnyis pa dri ma med pa'i 'od*)［略摄怛特罗王时轮注释·根本怛特罗随入一万二千无垢光］，藏译见《西藏大藏经总目录》第 845 和 1347 号，梵文校本参见［J. Upādhyāya *et alii* (edited by), *Vimalaprabhāṭīkā of Kalki Śrī Puṇḍarīka on Śrī Laghukālacakratantrarāja by Śrī Mañjuśrīyaśa*, Sarnath, Varanasi, Central Institute of Higher Tibetan Studies, 1986－1994, 3 vols.］。

[2]［由吉祥大日如来一切恶趣清净曼荼罗仪轨·显明怛特罗义］，第 13 叶往后。

[3]［由吉祥大日如来一切恶趣清净曼荼罗仪轨·显明怛特罗义］，第 13 叶，第 6 行。

[4] 译者注：原书写作 kriyāsādhanajñāna。

曼荼罗东边，即曼荼罗下部的金刚萨埵(Vajrasattva)和其他三位菩萨代表大乘佛教中详述的十六空性(śūnyatā)中的前四空；对其观想使我们渐次灭除法执和我执，灭除诸见，甚至对佛法的执著也应破除，因为佛法也是相对的，其价值仅在它们构成了整个大乘修行核心的次第净治[1]。

前四空(śūnyatā)是：第一内空，内六处为空；第二外空，外六处为
57 空；第三内外空，即总内六根、外六境内外十二入中，无我、我所及内
外法；第四大空，器世间无有自性。

曼荼罗南边的金刚宝(Vajraratna)和其他三位菩萨代表另外四空：第五空空，一切法空，是空亦空；第六胜义空，胜义者如涅槃亦无自性；第七有为空，非菩提因之善根为空；第八无为空，菩提因之殊胜善根为空。

曼荼罗西边的四菩萨代表的四空：第九毕竟空，于分别智上消除众生有限的想法；第十无际空，消除轮回有始有终的想法；第十一无舍空，消除涅槃状态下善根无舍的想法；第十二自性空，消除实有自性的想法。

曼荼罗北边的四菩萨代表的四空：第十三自相空，消除实有自
58 相的想法；第十四实有空，消除实有存在的想法；第十五无性空，消
除我法二空实有的想法；第十六无性自性空，消除我法二空自性实
有的想法（插图3）。

---

〔1〕不是所有的学派都根据宗喀巴认可的十六组来对空进行归类，宗喀巴可能遵循的是安慧(Sthiramati)对 *Madhyāntavibhaṅga*［辩中边论］的注释。V. Bhattacharya and G. Tucci (edited by), *Madhyāntavibhāgasūtrabhāṣya-ṭīkā of Sthiramati. Being a Sub-commentary on Vasubandhu's Bhāṣya on the Madhyāntavibhāgasūtra of Maitreyanātha*, Calcutta, The Baptist Mission Press, 1932, pp. 41ff. 根据其他学派，空有十八甚至二十种，如我校订的 *Abhisamayālaṅkārāloka*［现观庄严明］，第 39 页。E. Obermiller, "A Study of the Twenty Aspects of śūnyatā (Based on Haribhadra's *Abhisamayālaṃkāra-ālokā* and the *Pañcaviṃ Śatisāhasrikā-prajñāpāramitā-sūtra*)", *The Indian Historical Quarterly*, 9, 1933, p. 170.
对各种空的定义没有绝对的一致，我的概述采纳了宗喀巴的解释，但这也不是定论。

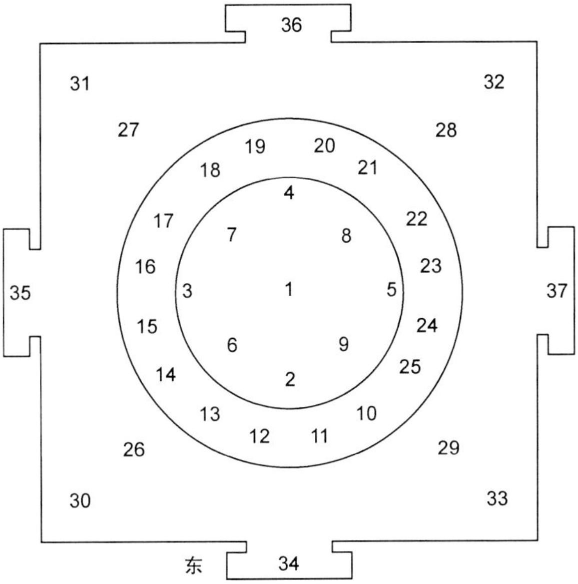

插图 3

普明曼荼罗，依据萨迦派论书［吉祥无边利他普明仪轨及多种必需仪轨合集·普明仪轨利他天成］

1. 大日如来(Vairocana)
2. 清净王如来(sbyong ba'i rgyal po)
3. 宝生佛(rgyal mchog rin chen)
4. 释迦种王佛(shā kya rigs dbang)
5. 花盛如来(me tog cher rgyas)
6. 佛眼母(Locanā)
7. 忙莽计母(Māmakī)
8. 白衣母(Pāṇḍaravāsinī)
9. 度母(Tārā)
10. 金刚萨埵(Vajrasattva)
11. 金刚王(Vajrarāja)
12. 金刚爱(Vajrarāga)
13. 金刚喜(Vajrasādhu)
14. 金刚宝(Vajraratna)
15. 金刚光(Vajratejaḥ)
16. 金刚幢(Vajraketu)
17. 金刚笑(Vajrahāsa)
18. 金刚法(Vajradharma)
19. 金刚利(Vajratīkṣṇa)
20. 金刚因(Vajrahetu)
21. 金刚语(Vajrabhāṣa)
22. 金刚业(Vajrakarma)
23. 金刚护(Vajrarakṣa)
24. 金刚药叉(Vajrayakṣa)
25. 金刚拳(Vajrasandhi)
26. 金刚嬉女(Vajralāsyā)
27. 金刚鬘女(Vajramālā)
28. 金刚歌女(Vajragītā)
29. 金刚舞女(Vajranṛtyā)
30. 金刚烧香女(Vajradhūpā)
31. 金刚花女(Vajrapuṣpā)
32. 金刚灯女(Vajradīpā)
33. 金刚涂香女(Vajragandhā)
34. 金刚钩(Vajrāṅkuśa)
35. 金刚索(Vajrapāśa)
36. 金刚链(Vajrasphoṭa)
37. 金刚铃(Vajraghaṇṭa)

金刚嬉女(Vajralāsyā)和其他三位天女代表四波罗蜜,即布施、持戒、忍辱、精进,其构成违犯四波罗蜜的对治。

金刚涂香女(Vajragandhā)和其他三位天女代表剩下的四波罗蜜,即:禅定、智慧、愿、方便。

金刚钩(Vajrāṅkuśa)和其他三位菩萨代表:信、精进、念、定。

这样,曼荼罗的图式可以分割为上下两个完全对应的层面,肉眼所见的曼荼罗之下的另一层面不再是图像标识,而是总括大乘基本教义的真实和成就。

之所以如此强调是因为我们不要忘记我们研究的是大乘佛教
图像学,是一种以象征性为其最重要特点的艺术,若不尽我们的根
59 器接近激发此种艺术并赋予其存在合理性的那种氛围和宗教心理
的话,就无法了知其密意。如前所述,我们面对的不是单纯的艺术
品,虽然按照我们的标准其美学价值亦可商榷,更重要的是,它们是
有助于我们开悟的成就的立体表达。

十三、大日如来主要曼荼罗[1]

由于仪轨中的天众均有象征含义,其在称为曼荼罗的图式
中不是随意而是按已有的固定顺序配列,因此,在步入随后的讨
60 论之前,最好以图示重现大日如来曼荼罗最普遍的组合。曼荼
罗的多样性并不是随意的,而是以曼荼罗为其图式的怛特罗通
过晦涩词语暗示的成就真实和证境的不同方式的高度象征性的
表达。

一个曼荼罗的配列足以使我们认识佛寺中指导绘制者,或研修者的怛特罗传规(插图4-6)。

---

[1] 译者注:关于大日如来曼荼罗的描述,图齐在《梵天佛地》第四卷,第二册,第432页专门作注予以修正,说:“关于大日如来曼荼罗的所有叙述在整体和细节上都应根据我在《梵天佛地》第四卷,第一册,第76页以后的说明加以完善和修正。”

1. 大日如来(Vairocana)
2. 金刚萨埵女(Vajrasattvī)
3. 宝萨埵女(Ratnasattvī)
4. 法萨埵女(Dharmasattvī)
5. 羯磨萨埵女(Karmasattvī)
6. 不动佛(Akṣobhya)
7. 金刚萨埵(Vajrasattva)
8. 金刚王(Vajrarāja)
9. 金刚爱(Vajrarāga)
10. 金刚喜(Vajrasādhu)
11. 宝生佛(Ratnasambhava)
12. 金刚宝(Vajraratna)
13. 金刚光(Vajratejaḥ)
14. 金刚幢(Vajraketu)
15. 金刚笑(Vajrahāsa)
16. 无量光佛(Amitābha)
17. 金刚法(Vajradharma)
18. 金刚利(Vajratīkṣṇa)
19. 金刚因(Vajrahetu)
20. 金刚语(Vajrabhāṣa)
21. 不空成就佛(Amoghasiddhi)
22. 交杵金刚(Viśvavajra)
23. 金刚护(Vajrarakṣa)
24. 金刚药叉(Vajrayakṣa)
25. 金刚拳(Vajrasandhi)
26. 金刚嬉女(Vajralāsyā)
27. 金刚鬘女(Vajramālā)
28. 金刚歌女(Vajragītā)
29. 金刚舞女(Vajranṛtyā)
30. 金刚烧香女(Vajradhūpā)
31. 金刚花女(Vajrapuṣpā)
32. 金刚灯女(Vajradīpā)
33. 金刚涂香女(Vajragandhā)
34. 金刚钩(Vajrāṅkuśa)
35. 金刚索(Vajrapāśa)
36. 金刚链(Vajrasphoṭa)
37. 金刚入(Vajrāveśa)

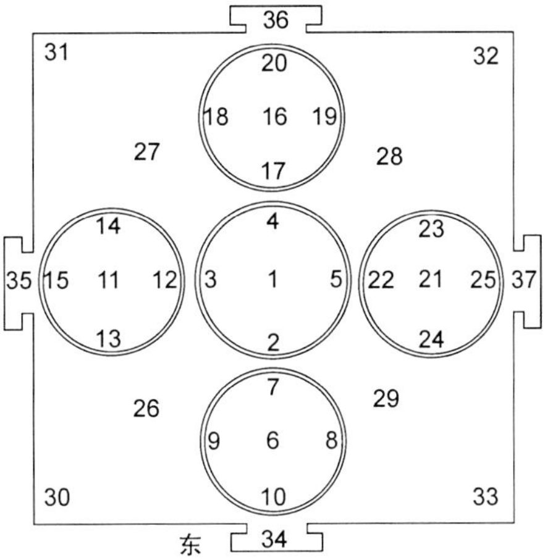

插图 4

金刚界曼荼罗,依据 *Tattvālokakarī*［真性光作］(*bstan 'gyur*［丹珠尔］,释怛特罗部(rgyud 'grel), zi 函,第 120 叶)和 *Vajradhātumahāmaṇḍalopāyikā*［金刚界大曼荼罗出现］(shi 函,第 32 叶)〔1〕

〔1〕 译者注:图齐在《梵天佛地》第四卷,第二册,第 433 页补充说:"在金刚界曼荼罗(Vajradhātumaṇḍala)图解中,必须将大日如来四方的四佛视作面朝主尊,即朝内而视。田岛隆纯正确指出,四佛四周的菩萨也应作相应变动。Ryujun Tajima, "The Seating Positions of Buddhas and Bodhisattvas in the Vajradhātu-maṇḍala", *The Young East*, 8, 1939, 3 (*The Italo-Japanese Number*), p. 61."此处径改。［金刚界大曼荼罗出现］的藏译参见《西藏大藏经总目录》第 2516 号。

61

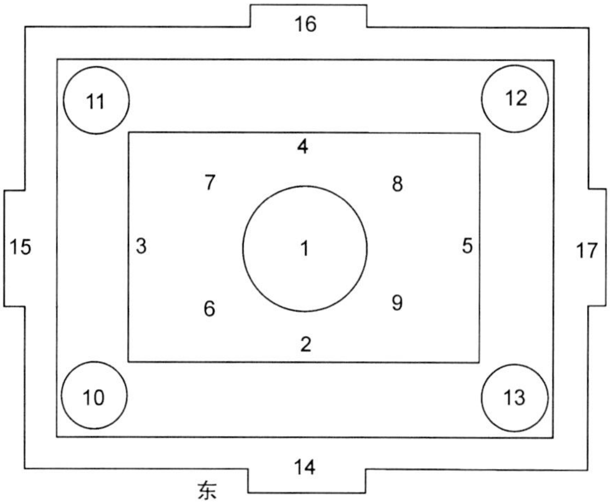

插图 5

据 *Paramādiṭīkā*［最上本初广释］的大日如来曼荼罗(ri 函,第 78 叶)〔1〕

1. 大日如来(Vairocana)
2. 金刚武器女(rdo rje mtshon cha ma),左手:花弓;右手:金刚箭。
3. 金刚羯哩羯哩女(rdo rje kīlikīlī),双手齐胸持金刚杵。
4. 金刚念女(rdo rje dran ma),右手:摩竭幢;左手:置于座处。
5. 金刚心女(rdo rje snying po ma),双手持金刚杵。
6. 金刚无作女(rdo rje mi byed ma):花。
7. 金刚云女(rdo rje sprin ma):熏香。
8. 金刚秋女(rdo rje ston ma):灯。
9. 金刚冬女(rdo rje dgun ma):涂香。
10. 嬉女(sgeg mo)
11. 笑女(bzhad ma)
12. 大歌女(glu chen po)
13. 舞女(gar ma)
14. 金刚钩女(rdo rje lcags kyu ma)
15. 金刚羂索女(rdo rje zhags pa ma)
16. 金刚链女(rdo rje lcags sgrog ma)
17. 金刚入女(rdo rje 'bebs ma)

〔1〕 译者注:原书写作 *Paramādivṛtti*。《西藏大藏经总目录》第 2512 号。

1. 大日如来(Vairocana),黄色,施禅定印〔2〕 62
2－9. 施禅定印之八佛
10. 不动佛(Akṣobhya)
11. 金刚手(Vajrapāṇi)
12. 文殊(Mañjuśrī)
13. 宝生佛(Ratnasambhava)
14. 虚空藏(Ākāśagarbha)
15. 虚空库(Gaganagañja)
16. 照无边(Amitābha, snang ba mtha' yas)
17. 观音(Avalokiteśvara)
18. 唯发心转法轮(Cittotpattimātradharmacakrapravartaka)
19. 不空成就佛(Amoghasiddhi)
20. 金刚拳(Vajramuṣṭi)
21. 金刚药叉(Vajrayakṣa)
22. 金刚手(Vajrapāṇi)
23. 虚空藏(Ākāśagarbha)
24. 世自在(Lokeśvara)
25. 金刚拳(Vajramuṣṭi)
26. 童子文殊(Mañjuśrīkumārabhūta)
27. 虚空库(Gaganagañja)
28. 唯发心转法轮(Cittotpattimātradharmacakrapravartaka)
29. 金刚药叉(Vajrayakṣa)

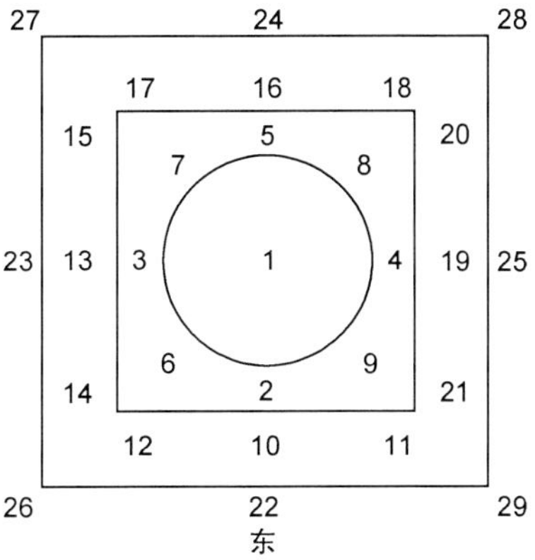

插图 6

据 *Paramādiṭīkā*［最上本初广释］的大日如来曼荼罗(yi 函,第 157 叶背面)〔1〕

〔1〕 译者注:原书写作 *Paramāditantra*。

〔2〕 一些论书称为 rnam par snang mdzad mngon par byang chub pa,大日如来现证佛,参见 བླ་མ་མཆོད་པའི་ཁྲིད་ཡིག་གསང་བའི་གནད་རྣམ་པར་ཕྱེ་བ་སྙན་རྒྱུད་མན་ངག་གི་གཏེར་མཛོད། *bla ma mchod pa'i khrid yig gsang ba'i gnad rnam par phye ba snyan rgyud man ngag gi gter mdzod*［上师供养讲义・剖析要点耳传窍决宝藏］,第 51 叶。我们必须把我以前根据藏文所作的还原 Cittotpattimātradharmacakrapravartaka(唯发心转法轮)读作:Sahacittopāditadharmacakrapravarttin。

Sahacittopāditadharmacakrapravarttin 菩萨属于前文引用的 *Tattvasaṃgraha*［真性集］所描述的金刚界部组的菩萨,第 380 叶(汉译佛经参见《大正藏》第 18 册,经号 882,第 346 页下栏),参见 S. Lefmann, *Lalita Vistara. Leben und Lehre des Çâkya-Buddha. Textausgabe mit Varianten-, Metren- und Wörterverzeichnis,* Halle a. S., Verlag der Buchhandlung des Waisenhauses, 1902, erster Teil (*Text*), p. 415。

译者注:据刻本,大日如来施智拳印。［方广游戏经］的汉译有两见:《佛说普曜经》及《方广大庄严经》,《大正藏》第 3 册,经号 186、187。

十四、塔波寺的大日如来曼荼罗

让我们回到前述论书所述的大日如来曼荼罗图像。该艺术式
63 样显然是在相对古老的时期定型的，因为除了个别不同，汉译佛经也屡见同样的模式〔1〕。

我们要面对的第一个问题是论书中描述的天众是否与塔波寺的一致。差异首先在于造像的数目。显然我们所面对的大日如来立体曼荼罗与前面所引论书的描述稍有不同。对熟悉藏地怛特罗传规者而言，这并不奇怪，根据作为印度与雪域精神纽带的译师(lo tsā ba)班智达在各个时期传入藏地的不同修法，同一曼荼罗的相关成就可以有无尽表现。归于某一怛特罗论书所代表的确定文献核心的同一组成就，可以被修法者据诸派的各种传规以不同方式获致。每位译师都是其在印度所学教法(chos lugs)的诠释者和上师，诠释方式的改变必然伴随曼荼罗象征性表现的改变。

那么，如何解释塔波寺曼荼罗天众数目与庆喜藏(Ānandagarbha)、
64 宗喀巴或萨迦派(sa skya pa)论书所述之间的差异呢？塔波寺只存留三十三尊塑像：主尊及三十二眷属，少了四天众。我认为这不是传规的不同。其实，仔细观察这些塑像，会发现它们看起来相当新，与佛寺首度修复时遗留的古旧绘画不同。其次，普明天众本该有或塑或雕的明确标识，而这些在今天的塔波寺里已荡然无存，不应将此归结为人为破坏或自然损毁。如果那样的话，塑像该留下破损痕迹，但即使在持有标识的手等塑像最脆弱的部分也不见此类迹象。

对照片的仔细观察证实了我的推测：从图版6.7、7.9、8.12、

---

〔1〕 显然该曼荼罗没有穷尽其所构成的天众的图像样式，在其他曼荼罗中，或根据新的组合、或对应不同的象征，它们也可能有完全不同的表现。以 *nā ra ka dong sprugs*［拔除地狱］为例，金刚嬉女(Vajralāsyā)施金刚拳印(vajrasandhi, rdo rje khu tshur)、金刚花女(Vajrapuṣpā)持钩等等。其他的图像差异由宗喀巴在前述 *Durgatipariśodhana*［恶趣清净］注疏中指出。

13.22、16.28 可以完全看出背光保留了尚未磨灭的原塑痕迹。这证明塑像是在原像位置重塑的，而且在重塑时没有严格遵循传统的造像量度，虽然我们无法确知重塑的时间。这一情况加上天众标识的缺失，构成比定尊像的最大难题。不乏其他证据使我们愈加认识到塔波寺的立体曼荼罗遭遇了重大变故。

论书明确表明普明部组的金刚部和宝部天众没有忿怒相，所有 65
天众均为寂静相。该情形与塔波寺所表现的不同，此处的一些天众的确是忿怒相，如经堂门内两侧的像以及内殿无量光佛（'od dpag med）殿门道二侧壁的两身大像；而且，两身大像尺度远逾其他塑像，制作粗糙原始，应为新近所造。可以断定塔波寺在此处亦因天灾人祸部分崩塌或坍毁，历经数次重修，虽然我们无从知道其具体发生的时间，但可肯定是普明直接传承业已丧失之际。塑像的修补不仅未将标识安置原位，甚至没有考虑构成普明大日如来曼荼罗天众的传统数字三十七。缺少的四身天众很可能位于两身大护法像（chos skyong）的位置，或两个在此处、另两个在经堂门内两边，并靠近略小的、背光与其他塑像完全不同的护法像。

普明曼荼罗缺少的是四天女，因为在塔波寺只看到八天女而非
十二天女。若减去门口的两身护法（dvārapāla, chos skyong）和内殿 66
无量光佛（'od dpag med）殿门道侧壁的另外两身大像——如前所述，因为是忿怒相，与本来的普明曼荼罗无关——我们不得不承认曼荼罗三十七尊只剩余二十八尊。但是我们面对的确实是与大日如来相关的确定传规的特殊立体表现，虽然众多标识的缺失使图像比定愈加困难，但其中仍有部分天众能被确切比定。

我们面对的怛特罗部组的象征表现究竟是源于 *Durgatipariśodhana*［恶趣清净］还是 *Tattvasaṃgraha*［真性集］？因为一旦确定塔波寺建造者的灵感源于［恶趣清净］或金刚界曼荼罗（Vajradhātumaṇḍala），所有问题都会迎刃而解：它只能是普明曼荼罗，即金刚部的立体表现。

假如塔波寺天众源自 *Tattvasaṃgraha*［真性集］所示成就占优势的精神氛围，因标识的缺失，很难遽定其表现的是该怛特罗中的哪个部组：如前所见，它不可能是大量天众为多臂多面的莲花部，因

塔波寺的天众均为常式;但我们无法判定其究竟是金刚部还是宝
67 部,因为唯一可资辨别的金刚或宝的标识眼下都荡然无存。

只有一个论据指向宝部:仁钦桑波是法名,即密名,因为在这些学派中,要通过特殊的仪式确定受灌顶者属于哪部,而灌顶时授予密名是典型作法[1]。仁钦桑波这个名字似乎暗示他与宝部的公开关系。如果佛寺由他或依他的意愿建造,最有可能的是他想在佛殿中表现其接受灌顶而得到加持的那部。巧合的是,托林寺(tho ling)的宝生佛殿(Ratnasambhava)被认为是仁钦桑波常居之地,且传统认为殿中尊像就是仁钦桑波[2]。

支持该推测的另一论据是,如前所述,此处的曼荼罗缺少四天女,而依据宝部曼荼罗,四明妃(śakti)在图式中只以标识而不以形象表现。

与此部曼荼罗的比定相反而支持 *Durgatipariśodhana*[恶趣清净]的是第 23 号像,其无疑是以无量光佛(Amitābha)传统姿态表现
68 的清净王如来(sbyong ba'i rgyal po),而宝部曼荼罗没有此像。

无论如何,由于宝部和金刚部曼荼罗的图像表现大部相同,并且塔波寺诸尊缺乏可资辨认的标识,所以我们仅据普明(kun rig)图示来比定,并加上部分宝部曼荼罗天众对应的名字。

十五、各尊像的比定

如下面表一所示,最左列的数字表示佛寺塑像编号:依右绕(pradakṣiṇā)礼拜顺序,从门左侧始沿左壁、正壁和右壁方向回到门右侧(见插图 2);第二列数字表示图版编号,最右列的数字表示普明
69 曼荼罗天众依据上引论书所述在金刚部或宝部的位置。

---

[1] G. Tucci, "Animadversiones Indicae", *Journal and Proceedings of the Asiatic Society of Bengal*, 26, 1930, pp. 125 – 160 [G. Tucci, "Animadversiones Indicae", in G. Tucci, *Opera Minora*, Roma, G. Bardi Editore, 1971, parte I, pp. 195 – 229].

[2] G. Tucci ed E. Ghersi, *Cronaca della missione scientifica Tucci*, p. 312.

表一

佛寺塑像编号	图版	天　众　尊　号	三十七天众对应的编号
3	3	金刚烧香女(Vajradhūpā)	30
4	4	金刚嬉女(Vajralāsyā),宝嬉女(rin chen sgeg mo)	26
6	5	金刚萨埵(Vajrasattva)	10
8	6	金刚爱(Vajrarāga)〔1〕,宝爱(nor bu'i chags pa)	12
10	7	金刚宝(Vajraratna),宝见(rin chen lta ba)	14
12	8	宝生佛(rgyal mchog rin chen), 一切义成就佛 (bcom ldan 'das don thams cad sgrub pa)	3
14	9	金刚笑(Vajrahāsa),宝笑(rin chen bzhad pa)	17
15	10	金刚鬘女(Vajramālā), 宝鬘女(rin chen phreng ba ma)	27
16	10	金刚歌女(Vajragītā),宝歌女(rin chen glu ma)	28
17	11	暴恶金刚手(Caṇḍavajrapāṇi)〔2〕	

〔1〕构成热布加林寺(rab rgyas gling)青铜普明曼荼罗完整组像中的金刚爱(Vajrarāga)以小像表现(图版20.a)。

〔2〕暴恶金刚手(Caṇḍavajrapāṇi)或称暴恶金刚(Vajracaṇḍa)是不动佛(Akṣobhya)的怖畏化身。在洛桑贝丹意希(blo bzang dpal ldan ye shes)的འདོད་ལྷ་སྣ་ཚོགས་ཀྱི་སྒྲུབ་ཐབས། *'dod lha sna tshogs kyi sgrub thabs*［诸欲天成就法］中这样写道(文集, ca 函,第41 叶):

> རང་ཉིད་དཔལ་ལྡན་གཏུམ་པོ་ཆེ། ཞལ་གཅིག་ཕྱག་གཉིས་འཇིགས་པའི་གཟུགས། ཕྱག་གཡས་གསེར་གྱི་རྡོ་རྗེ་འཕྱར། གཡོན་པ་དྲིལ་བུ་དཀུ་རུ་བརྟེན། དར་དང་རིན་ཆེན་རྒྱན་གྱིས་སྤྲས། འོད་ཟེར་མང་པོའི་ཕྲེང་བ་འཁྲུག ཞབས་གཡས་བསྐུམ་ཞིང་གཡོན་པ་བརྐྱངས།
>
> rang nyid dpal ldan gtum po che / zhal gcig phyag gnyis 'jigs pa'i gzugs / phyag g.yas gser gyi rdo rje 'phyar / g.yon pa dril bu dku ru brten / dar dang rin chen rgyan gyis spras / 'od zer mang po'i phreng ba 'khrug / zhabs g.yas bskum zhing g.yon pa brkyangs /。

续 表

佛寺塑像编号	图版	天 众 尊 号	三十七天众对应的编号
19	12	金刚灯女(Vajrālokā), 宝灯女(rin po che'i mar me ma)	32
20	12	金刚花女(Vajrapuṣpā), 宝花女(rin po che'i me tog)	31
22	13	金刚利(Vajratīkṣṇa),宝利(rin chen rnon po)	19
23	14	清净王如来(sbyong ba'i rgyal po)	2
25	15	金刚日(Vajrasūrya)	15
26	15	金刚王(Vajrarāja)或金刚因(Vajrahetu)	11 或 20
27	16	金刚链(Vajrasphoṭa)〔1〕, 宝链(rin chen lcags sgrog)	36
28	16	花盛如来(me tog cher rgyas)	5
29	17	金刚法(Vajradharma),舍三摩地智藏 (gtong ba ting nge 'dzin ye shes kyi snying po)	18
30	18	金刚拳(Vajrasandhi)	25
31	18	金刚舞女(Vajranṛtyā)	29

对于修法者有如下显现:自我具瑞大暴怒,一面两臂怖畏身,右手挥动金金刚,左手铃铛依体侧,绫罗宝贝以为饰,众光辉闪而炫目,右足弯曲左足伸。

该本尊在图版 20.c 表现为青铜造像,他的图像样式与前面提到的成就法完全一致。头上可以看见五佛之一的不动佛,暴恶金刚手是他的化现。

〔1〕 也来自于热布加林寺(rab rgyas gling)普明组像的金刚链表现为小像(图版 20.b)。

十六、大日如来图像

此外，佛寺主尊(vibhu, gtso bo)与论书所述的图像式样也不一致（图版21、22）。

此处的大日如来不是一身四面，而是背靠背的四身像。手印
(mudrā)也不相同，因为塔波寺主尊施转法轮印，而前文所述普明大 70
日如来应施禅定印：并且后一种类型发现于塔波寺、托林寺以及其
他地区的大日如来曼荼罗中，也见于拉达克和西藏西部噶当派(bka' 71
gdams pa)古寺附近频见的擦擦上（图版23）。

但是，普明大日如来的这种样式并非塔波寺所特有，在其他地区，如拉隆寺(lha lung)也有发现。其原因可能在于本来以四面象征四相的大日如来被分割为四个独立的身像，而且均施单身大日如来通常的手印，即转法轮印，因此，表现的大日如来式样是五部(pañcakula)如来，而被误称为五禅定佛(dhyānibuddha)，如下所见，其象征观想次第中从无分别本识而来的情器世界的五种生起。

对这种特殊的表现我们不必惊讶：大日如来有许多表现且随其
对应的怛特罗部而变化。例如，按照前述论书[1]，大日如来除五佛
中白色、一面、施转法轮印的最为常见的样式，也有其他化现，如萨
迦派(sa skya pa)论书或前文研究的*Durgatipariśodhana*［恶趣清净］
中所描述掌上置八辐法轮('khor lo rtsibs brgyad)的普明大日如来
(Sarvavid Vairocana, kun rig rnam par snang mdzad)，以及黄色、一面
二臂、施禅定印的大日如来现证佛(rnam pa snam mdzad mngon par
byang chub)[2]，再有与普明一样的*Vajradhātumahāmaṇḍalopāyikā* 72
［金刚界大曼荼罗出现］中的金刚大日如来(rdo rje snang mdzad)，手
中以金刚杵代替法轮[3]。

---

〔1〕 *bla ma mchod pa'i khrid yig gsang ba'i gnad rnam par phye ba snyan rgyud man ngag gi gter mdzod*［上师供养讲义·剖析要点耳传窍决宝藏］，第51叶背面。

〔2〕 译者注：应施智拳印，参见本册第43页，注释2。

〔3〕 *bstan 'gyur*［丹珠尔］，释怛特罗部(rgyud 'grel)，shi函，第32叶。

据 *Paramāditantra*［最上本初怛特罗］注释，大日如来的另一身形是白色，左手持金刚铃(rdo rje dril bu)，右手齐胸持金刚杵[1]；再一是黄色，一面，施智拳印(bodhyagrīmudrā)之双手中持金刚杵[2]；据宗喀巴对月称(Candrakīrti)造 *Guhyasamāja*［密集］注疏的解释，大日如来也表现为一面二臂，标识为轮和铃[3]。

十七、塔波寺壁画年代

在步入塔波寺其他佛殿之前，最好回头关注一下寺院中无疑最重要和最古老的祖拉康的年代问题。如我们所见，塔波寺与托林寺在传统上一直紧密联系，二者均为仁钦桑波在意希沃(ye shes 'od)护持下所建，但今天我们所敬仰的佛寺绝非大译师(lo tsā ba)时期的原建，至少本册附录中发表并翻译的内殿入口处题记否定了这种可能[4]。

该题记确定祖拉康为意希沃所建，也说到四十六年后降秋沃(byang chub 'od)在位期间对祖拉康有过一次修缮，但没有证据表明题记的年代与这位王子的时代相同。进一步讲，题记撰写者可能也
73 是壁画的画师，宣称题记不过是一种记事(lo rgyus)，而与愿文完全不同。同时，题记也是对复兴西藏西部佛教的两位大人物的赞颂(praśasti)。所以尽管壁画看来相当古老并且无疑具有印度影响，但没有任何理由可以将其归于仁钦桑波时代。然而在题记上方能看到显然出自同一画师之手的壁画（图版 24），画面表现的是一位右手施触地印(bhūmisparśamudrā)的上师，因其多少有些理想化而难以确定身份，周围信众簇拥，其中一些是俗人，并且显然地位相当重要。

壁画伴有榜题，弗兰克(Francke)对其无法完全释读，他仅能读出 gu ge sde，其实，榜题中还能清楚读出如下字迹：

---

[1] *bstan 'gyur*［丹珠尔］，释怛特罗部(rgyud 'grel)，ri 函，第 78 叶。
[2] *bstan 'gyur*［丹珠尔］，释怛特罗部(rgyud 'grel)，ri 函，第 283 叶。
[3] ［一切怛特罗王吉祥密集广释明灯之词义辨析再注］，第 217 叶背面。
[4] 附录（七）。

1. གཟིའ་མལ་ལ་དབང་ཕྱུག་མགོན། མཁར་རུམ་གུ་གེ་སྡེ། gzi' mal la dbang phyug mgon / mkhar rum gu ge sde /〔1〕

   gzi' mal la 王子,怙主,mkhar rum,古格部〔2〕。

2. གནས་བརྟན་ཆེན་པོ་འདུལ་བ་བྱང་ཆུབ།། ཏ་པོ་ཡི་དགེ་འདུན་སྡེ་ཆེན་པོ། །། gnas brtan chen po 'dul ba byang chub // ta po yi dge 'dun sde chen po / //〔3〕

   大上座调伏菩提;塔波僧团大会众。

显然,gzi' mal la 是 *rgyal rabs gsal ba'i me long*［王统世系明鉴］中的阿喜玛(a dzi smal);如果孜德(rtse lde)的年代可回溯到十一世纪后二十五年〔4〕,考虑到孜德和 gzi' mal la 之间有十五位国王,那么题记所述、壁画所绘的这位王子可能生活于十三世纪末、十四世纪初,相应地,殿内现存所有壁画都应追溯到这个时期。 *74*

其他题记几近漫漶,但在内殿右侧、施主(yon bdag, sbyin bdag, 图版 25)像边可以读出如下字迹:

ཁྲོམ་འུ་ཆུང་མ khrom 'u chung ma

妻子 khrom 'u〔5〕

---

〔1〕 译者注:图齐对题记的释读有误,最重要的是图齐增加了མགོན mgon 一词,导致这一错误产生的原因是图齐通过将 gzi' mal la 比定为［王统世系明鉴］中的阿喜玛(a dzi smal),从而将殿内现存所有壁画追溯至十三世纪末、十四世纪初。参见［L. Petech and C. Luczanits (edited by), *Inscriptions from the Tabo Main Temple. Texts and Translations*, Roma, Istituto Italiano per l'Africa e l'Oriente, 1999, p. 143］。

〔2〕 译者注:此据图齐录文翻译,参见上注。

〔3〕 译者注:对于འདུལ་བ་བྱང་ཆུབ།། ཏ་པོ 'dul ba byang chub // ta po, 图齐写作འདུལ་བ་མཛད་རྟ 'dul ba mdzad rta, 此处据［L. Petech and C. Luczanits (edited by), *Inscriptions from the Tabo Main Temple*, p. 145］。

〔4〕 参见《梵天佛地》第二卷,第 10 页以后。

〔5〕 关于 khrom, 见 F. W. Thomas, "Tibetan Documents Concerning Chinese Turkestan. V: (a) The Dru-gu (Great Dru-gu and Drug-cun; the Dru-gu *cor* and the Bug *cor*; the Dru-gu and Ge-sar; the Title *Bog-do*; Conclusion); (b) the Hor; (c) the Phod-kar", *The Journal of the Royal Asiatic Society of Great Britain and Ireland*, 1931, p. 830。

མག་པའི་ཙ་ཟ་བརྟེན་ཏི་དགེའ(=དགེ)་ཡོན་བདག mag pa'i tsa za brten ti dge' (=dge) yon bdag
施主，tsa 的 brten ti[']dge'，女婿。

རུམ་ཟ་རྟན་པོ་གསུག rum za rtan po gsug
rum 的 rtan po gsug。

རྷུགས་འོར་ཟ་ཡེ་ཤེས rhugs 'or za ye shes
rhugs 'or 的 ye shes〔1〕。

སྒྲོན་ངོས་འདིའི་ཡོན་བདག་རུམ་ཟ་གཉེན་ཏིང sgron ngos〔2〕'di'i yon bdag rum za gnyen ting
rum 的 gnyen ting，此（信之）真灯（寺院）之施主。

人名前的词可能是地名或家族名，rum 肯定是地名，它也出现在上文所录 gzi' mal la 的题记中〔3〕。

75

十八、壁　画

经堂塑像下方有一系列连续的壁画，如下所见，虽然壁画表现的是熟知的佛教传说，但其对了解西藏西部古代民俗史也非常重要。显然，壁画或多或少地取材自本土同时期的观念，并将其投射到意图表现的传说和神话背景中。绘画技法和风格亦值得关注。

壁画所属的画派完全独立于更为有名的卫藏画派，显示出其为西藏西部诸王护持下形成于古格的本土艺术。壁画直承印度风范，远离渗透藏地其他地区的汉风影响，堪称印藏画派最杰出的记录，

---

〔1〕译者注：对于 རྷུགས་འོར rhugs 'or，图齐写作 ཧུག་ཨར hug ar，此处据[L. Petech and C. Luczanits (edited by), *Inscriptions from the Tabo Main Temple*, p. 146]。

〔2〕即塔波寺，在题记中也称为信灯，ngos 为 dngos。

〔3〕通过这个题记可以确定 rum 是位于塔波旁边、斯比蒂(Spiti)地区的一个地名。关于 za 这个后缀，见 F. W. Thomas, "Tibetan Documents Concerning Chinese Turkestan. II: The Śa-cu Region", *The Journal of the Royal Asiatic Society of Great Britain and Ireland*, 1927, p. 832。

关于这一画派的基本特征，近期我将对在考察中所获的大量材料做彻底研究〔1〕。

塔波寺壁画分为两个系列：其一位于佛殿左侧，由殿门开始；其二位于佛殿右侧，与左侧平行展开。

二组壁画均为变相，即以绘画形式再现有名的佛教故事。

左边是诺桑(Sudhana, nor bzang)的故事（图版26－32）〔2〕。诺桑法王(chos rgyal)的事迹直到今天在整个藏区仍是最受欢迎和流传最广的故事之一。其中最有名的版本题名为：ཆོས་ཀྱི་རྒྱལ་པོ་ནོར་བུ་བཟང་ 76
པོའི་རྣམ་ཐར་ཕྱོགས་བསྒྲིགས་བྱས་བ་ཐོས་ཆུད་ཡིད་ཀྱི་དགའ་བསྟོན། *chos kyi rgyal po nor bu bzang po'i rnam thar phyogs bsgrigs byas ba thos chud yid kyi dga' bston*［诺桑法王传集成·闻知意之喜宴］。

故事讲述的是北印度和南印度两个王国间的纷争。北国笃信佛法，南国奉外道，不信佛法，灾难频重，于是该国的财神龙王(nāga)迁居于北国湖泊、普降宝雨。南国国王听信谗言，召请巫师作法拘龙王。龙王向猎人求救，猎人杀死巫师。龙王为报答猎人，赠予其一件如意宝。由一位隐士指点，猎人捉住了一位美丽的紧那罗女(kiṃnarī)，并将其献给北国王子诺桑为妻，王子异常高兴，重赏猎人。

故事接着讲述诺桑和仙女婚后恩爱缠绵，引起后宫嫔妃的嫉妒，她们想方设法，最终使老国王派遣诺桑远征北部地区的野人部族。王子离开后，嫔妃们继续策划阴谋，加害仙女王妃。在诺桑母亲的帮助下，王妃返回乾达婆(gandharva)天宫，幸免于难。诺桑返国后不见爱妃，心中万分痛苦，他不顾父王劝责，不问国事，带着一 77
定要找到她的信念出发。书中记述诺桑不畏艰险，闯过难关，最终找到仙女，并从此过上幸福美满的生活。显然，这个冗长的藏族故事充

〔1〕 译者注：［G. Tucci, *Tibetan Painted Scrolls*, Roma, La Libreria dello Stato, 1949, vol. II, pp. 347－368］。

〔2〕 译者注：壁画实际描述的是取材自《华严经》的善财童子五十三参的故事，见［E. Steinkellner, *Sudhana's Miraculous Journey in the Temple of Ta Pho. The Inscriptional Text of the Tibetan* Gaṇḍavyūhasūtra *Edited with Introductory Remarks*, Roma, Istituto Italiano per il Medio ed Estremo Oriente, 1995］。

满了枝蔓，只是 *Divyāvadāna*［天业譬喻］中著名的善财(Sudhana)故事的改写和扩充[1]。

但是，塔波寺壁画所表现的并非这一场景，而显然是另一个故事。由于客观原因，我们既没有时间也没有办法拍照或抄下解说画面的题记，但从我的笔记以及通过图版可辨识的几个词，可以清楚地看出，壁画表现的不是诺桑法王的故事，而是商主子诺桑(śreṣṭhi putra Sudhana, tshong dpon gyi bu nor bzang)的故事[2]。我也不清楚这是什么故事，但不应忘记，nor bzang 不仅是对梵文 Sudhana 的翻译，也对应于梵文 Maṇibhadra。

右侧壁画为佛传，即已成为藏族图像学范式的释迦牟尼十二宏化事迹(mdzad pa bcu gnyis)。壁画无任何特殊新奇之处，此种佛传故事在西藏西部几乎所有的寺院中都可以看到，我认为没有必要做出细节描述，况且塔波寺壁画已经被从顶部渗漏下来的水大面积浸淫漫漶，无法对风格进行详细的考察。 78

十九、内殿及五佛图像

位于经堂后面的是内殿(dri gtsang khang)，供奉的主像左右各有两身眷属。内殿被供信众礼拜的狭窄回廊围绕。主像是坐于狮子座(siṃhāsana)上的佛，座基上可见两个相背的高浮雕狮子（图版 34）。

塑像通常着有红色袈裟。

佛呈金刚跏趺坐(vajraparyaṅka)，双手施禅定印(dhyānamudrā)，这能使该像的比定比弗兰克(Francke)泛指的坐佛像更为准确：佛像无疑是无量光佛（Amitābha, ’od dpag med）。通常，在藏族图像学中，五佛(pañcatathāgata)可着袈裟或朝服，其标识亦可有可无，根据

---

〔1〕 E. B. Cowell and R. A. Neil (edited by), *The Divyāvadāna. A Collection of Early Buddhist Legends now First Edited from the Nepalese Sanskrit mss. in Cambridge and Paris*, Cambridge, Cambridge University Press, 1886, pp. 441ff.

〔2〕 古代拼写如此。

下面表二的归纳，佛像可毫无疑问得到比定〔1〕。

79

表二

佛	身色	骑乘	手　印	标　识
大日如来(Vairocana)	白	狮子〔2〕	转法轮(dharmacakra)〔3〕	法轮
不动佛(Akṣobhya)	蓝	象	触地(bhūmisparśa)	金刚杵

〔1〕 译者注：原文如此，据骑乘，塑像应比定为大日如来，参见[L. Petech and C. Luczanits (edited by), *Inscriptions from the Tabo Main Temple*, pp. 137ff]。

〔2〕 并不是巴特恰利亚所说的龙。B. Bhattacharyya, *The Indian Buddhist Iconography Mainly Based on the Sādhanamālā and Other Cognate Tāntric Texts of Rituals*, Calcutta, Oxford University Press, 1924, p. 4.
关于五佛和五佛图像，参见 *Tattvālokakarī*［真性光作］, *bstan 'gyur*［丹珠尔］，释怛特罗部(rgyud 'grel), zi 函，第121叶以下。其中提到大日如来为白色、四面，标识是五股金刚杵，其骑乘(vāhana)为狮子，接下来说：

མི་བསྐྱོད་པ་ལ་སོགས་པ་ཡང་གོ་རིམ་ཇི་ལྟ་བ་བཞིན་དུ། སྐུ་མདོག་སྔོན་པོ་དང་། སེར་པོ་དང་། དམར་པོ་དང་། ལྗང་གུ་དང་། གླང་པོ་ཆེ་དང་། རྟ་དང་རྨ་བྱ་དང་། ནམཁའ་ལྡིང་གི་ཁྲི་ལ་པདྨ་དང་ཟླ་བའི་སྟེང་ན་རྡོ་རྗེའི་སྐྱིལ་མོ་ཀྲུང་གིས་བཞུགས་པ། ས་གནོན་དང་། མཆོག་སྦྱིན་དང་། ཏིང་འཛིན་མཆོག་དང་། མི་འཇིགས་པའི་ཕྱག་རྒྱ་དང་། རྡོ་རྗེ་དང་། རྡོ་རྗེ་རིན་པོ་ཆེ་དང་། རྡོ་རྗེ་པདྨ་དང་། སྣ་ཚོགས་རྡོ་རྗེ་བསྣམས་པ།

mi bskyod pa la sogs pa yang go rim ji lta ba bzhin du/ sku mdog sngon po dang/ ser po dang/ dmar po dang/ ljang gu dang/ glang po che dang/ rta dang rma bya dang/ namkha' lding gi khri la padma dang zla ba'i steng na rdo rje'i skyil mo krung gis bzhugs pa/ sa gnon dang/ mchog spyin dang/ tinge 'dzin mchog dang/ mi 'jigs pa'i phyag rgya dang/ rdo rje dang/ rdo rje rin po che dang/ rdo rje padma dang/ sna tshogs rdo rje bsnams pa/。

不动佛等亦次第为：身蓝、黄、红、绿；大象、马、孔雀、金翅鸟为座；莲花月(轮)之上，结金刚跏趺坐；手印为触地、与愿、禅定、无畏；持金刚、金刚宝、金刚莲、交杵金刚。

〔3〕 但是据不二金刚(Advayavajra)的 *Pañcākāra*［五相］，大日如来的手印是智拳(bodhyagrī, byang chub mchog)。H. Shastri (edited by), *Advayavajrasaṁgraha*, Baroda, Oriental Institute, 1927, p. 41.
译者注：*Pañcākāra*［五相］的藏译参见 *rang bzhin lnga ma*［五自性］，《西藏大藏经总目录》第 2245 号。图齐上文所引的 *Tattvālokakarī*［真性光作］中大日如来的手印亦为智拳印，参见本册第 43 页，注释 2。

续 表

佛	身色	骑乘	手　　印	标　识
宝生佛(Ratnasambhava)	黄	马〔1〕	与愿(varada)	宝
无量光佛(Amitābha)	红	孔雀	禅定(dhyāna)	宝瓶〔2〕
不空成就佛(Amoghasiddhi)	绿	金翅鸟〔3〕	无畏(abhaya)	剑〔4〕

为了阐明五佛及其图像表现，我以藏地通常在驱魔、葬礼，甚至
80 灌顶仪式中使用的称为五部(rigs lnga)的五佛冠为例。

五佛冠由用索或带子连在一起的五个小图像组成，每一图像表现一尊佛，此为五部之由来。戴上五佛冠意味着修法者与以五佛代表的有五种生起的本识力合一，从而控制世界，并且能施行法术。

如今五佛冠通常用纸板或纸浆制作，其上绘有藏地承绪印度的五佛传统图案，技法优劣不等。

做工精细的五佛冠可以参看图版33，它与前面图表中指出的图像模式完全一致。

更为古老的五佛冠为木制，可能参照了印度惯例，如今因替之以纸浆而极为罕见。即使间或有留存，也如舍利般恭敬地供奉于神

〔1〕 并不是巴特恰利亚所说的狮子。B. Bhattacharyya, *The Indian Buddhist Iconography*, p. 5.

〔2〕 据不二金刚(Advayavajra)的 *Pañcākāra*［五相］，标识为莲花(padmacihna)。H. Shastri (edited by), *Advayavajrasaṁgraha*, p. 41.

〔3〕 或者是命命鸟(shang shang)，一种巨大的人面神鸟，参见 ཟབ་ཆོས་ཞི་ཁྲོ་དགོངས་པ་རང་གྲོལ་གྱི་ལས་བྱང་ཆུབ་འཚོར་བ་རང་གྲོལ་གྱི་སྙིང་པོ། *zab chos zhi khro dgongs pa rang grol gyi las byang chub 'tshor ba rang grol gyi snying po*［甚深法静怒密意自度羯磨·觉受菩提自度精髓］，第2叶。
译者注：经核对，刻本标题为 *zab chos zhi khro dgongs pa rang grol gyi las* byang chung ba *tshor ba rang grol gyi snying po*，此处跟从图齐。

〔4〕 据不二金刚(Advayavajra)的 *Pañcākāra*［五相］，标识是交杵金刚(viśvavajra)，与 *Tattvālokakarī*［真性光作］同，但 *Pañcākāra*［五相］的藏译本在此处译为剑(khaḍga, ral gri)，正如图版33中所见。H. Shastri (edited by), *Advayavajrasaṁgraha*, p. 41.

龛上。然而在斯比蒂(Spiti)、库那瓦上部和古格我还是设法找到了几个精美的实物;其中一些特别古老,几乎可以肯定是印度制品或
直承印度模式,图版 35 应该就是如此。 81

图版35.1是不空成就佛(Amoghasiddhi),图版35.2是大日如来(Vairocana),图版35.3是无量光佛(Amitābha)。诸佛以座基上刻划的传统骑乘为标识,于莲座上呈金刚跏趺坐(vajraparyaṅka),莲座下覆有方格图案的花毯。宝座靠背类似于波罗(Pāla)样式;靠背两侧有象,其上有带角狮子(vyālaka),在该例中狮子背上还有一位骑士。靠背上方有摩竭鱼(makara),由此有上伸的卷草图案,再上是印度样式的金翅鸟(garuḍa),最上方为诸佛标识:不空成就佛是剑,大日如来是法轮,无量光佛是莲花。

图版 36、37 表现的是全部五佛:图版36.6普明大日如来是主尊,其为四面、施转法轮印,这种样式将塔波寺四身大日如来简化为一身。诸佛下方除了通常的骑乘外,还有一位亚特兰蒂斯式(Atlantis)的侏儒像,这种图案我们在拉隆寺(lha lung)塑像中会再一次看到。狮头(kīrtimukha)代替了靠背上方的金翅鸟。最上为诸佛传统标识:无量光佛为莲花,不动佛为金刚,大日如来(图版36.6)以花代替法轮,不空成就佛(图版37.7)为交杵金刚 (viśvavajra[1]),宝生佛(图版37.8)是宝。靠背两侧的象和狮子图案由两身天像代替,
几乎可以确定为天女,很可能就是常见的供养天女(mchod pa'i lha 82
mo)。

大日如来旁边的天众为四位而非两位,上面的狮头下有两身小像:一是释迦牟尼,一是无量光佛。

图版 38 样式相同,但更为精美,表现的是无量光佛和宝生佛。

如前所述,标识是次要的,它们可有可无,而且西藏西部的图像中经常没有标识。此外,通过研究大日如来的图像样式我们已经看到,标识依诸传规而各有不同。因此,诸佛的比定应该依据两个要点:颜色和手印。

---

[1] 只表现了上部,与不二金刚(Advayavajra)的论书相同。

二十、无量光佛和无量寿佛

红色和施禅定印(samādhi 或 dhyānamudrā) 无疑表明内殿主像表现的是无量光佛(Amitābha)〔1〕。缺的只是钵，梵文称 piṇḍapātra，藏文称 lhung bzed。对此器皿要特别谨慎，因为同颜色同姿态的无量光佛有时持钵，有时持净瓶(kalaśa 或 kumbha，藏文 bum pa)。两个器皿的造型以及含义完全不同。

众所周知，钵是僧人用于乞食的器皿，而净瓶是盛加持过的
83 甘露净水器皿，通常瓶底狭窄，渐次上展，瓶颈细长，口沿厚重。此种样式可追溯至古代，似乎专用于仪式，瓶中涌出的是生命之水〔2〕。

洒于受灌顶者身上的净水决定性地开许其修习无上密法，并且与实相合一，即将其提升至更高的修证境界，因为灌顶(abhiṣeka) 意味着修法者(sādhaka) 与其本尊代表的成就合一。套用与我们正在讨论的佛教学派氛围类似的神智学派的术语，净瓶装的是生命之水；或如佛教论书所言，是不死甘露(འཆི་མེད་ཚེའི་བདུད་རྩིས་གང་བའི་བུམ་པ། 'chi med tshe'i bdud rtsis gang pa'i bum pa)〔3〕；用于灌顶的净水通过古鲁(guru) 和本尊的加持(adhiṣṭhāna) 变成甘露，并使受灌顶者决定不退转，与本尊合一。

藏人对施禅定印(dhyānamudrā)、手上置钵或净瓶的两种图像样

---

〔1〕 译者注：应为大日如来，参见本册第 55 页，注释 1。

〔2〕 L. Heuzey, *Les origines orientales de l'art. Recueil de mémoires archéologiques et de monuments figurés*, Paris, E. Leroux Éditeur, 1892, première partie (*Antiquités chaldéo-assyriennes*), p. 163; A. K. Coomaraswamy, *Yakṣas*, Washington, Smithsonian Institution, 1931, part II (with 50 plates), p. 61.

〔3〕 参见洛桑贝丹意希(blo bzang dpal ldan ye shes) 的འདོད་ལྷ་སྣ་ཚོགས་ཀྱི་སྒྲུབ་ཐབས། *'dod lha sna tshogs kyi sgrub thabs* [诸欲天成就法]（文集，nga 函，第 78 叶）。

式有明显区分,前者表现的是无量光佛(Amitābha, ’od dpag med), 84
后者表现的是无量寿佛(Amitāyus, tshe dpag med);即在印度、汉地和日本似乎相互混淆的阿弥陀佛(Amitābha-Amitāyus)唯一样式被严格区分为两个不同的身形[1]。我们不知道这是如何发生的,也无法确定藏人是否延续了已经被一些印度学派充分发展的传统,或许他们在异域的影响下,首先制定出了一种理论,其与传统五佛相悖,并且打破了后者以之为轴心的五这个数字。将一神分为两个亚型使我感觉到与地中海东部神智学派类似的宗教气氛,即意欲通过入教和净修而提升自我,与时而被视为清净无量光(φώζ)、时而被视为无量寿(ζωή)的神合一,是公元前夕几个世纪许多入教者的终极追求。

二十一、无量光佛的眷属

无量光佛(Amitābha)上方有四身饰耳铛、戴宝冠的小泥像。较高的两个着典型的印度式腰布(dhotī),下面两个似乎从云朵中钻出:他们可能是供养天(deva)、飞天(apsaras)或持明(vidyāḍhara)。佛像
两侧的墙上有两身天女像痕迹,左为白色,右呈灰暗,两像肯定有现 85
在无法辨认的标识,左边的似乎持幢。她们显然是佛教图像中常见的供养天女(mchod pa’i lha mo)。

侧壁有两尊菩萨立像,其一位于无量光佛右侧,为白色,另一尊位于左侧,为蓝色。表现的可能是观音(Avalokiteśvara)的不同身形。右边的塑像应该是莲花手(Padmapāṇi,图版 39),左边的是大势至(Mahāsthāmaprāpta,图版 40)[2]。

---

[1] 在 *Sukhāvatīvyūha*［无量寿经］中已经完全等同。M. Müller and Junjirō Takakusu (translated by), *Buddhist Mahāyāna Texts*, Oxford, Clarendon Press, 1894, part II (*The larger* Sukhāvatī-vyūha, *the smaller* Sukhāvatī-vyūha, *the* Vagrakkhedikā, *the larger* Pragñā-pāramitā-hridaya-sūtra, *the smaller* Pragñā-pāramitā-hridaya-sūtra, *the* Amitāyur-Dhyāna-sūtra), p. 14, §8.13–14; pp. 32–33, §14.

[2] 译者注:据［L. Petech and C. Luczanits (edited by), *Inscriptions from the Tabo Main Temple*, pp. 137ff］,右为观音,左为金刚萨埵。

此种联系并非偶然，而是对大乘经典中熟知传统的图像认定。从 *Karuṇāpuṇḍarīka*［悲华经］我们得知过去劫王无诤念(Araṇemi)后来成为无量光佛[1]，他的两个长子，积集善根，成为观音和大势至。在《观无量寿佛经》中，他们立于阿弥陀佛的两边[2]，在 *Sukhāvatīvyūha*［无量寿经］中，他们被称为无量光佛国的“最尊第一”菩萨[3]。

另外两个也是立像，位于内殿前面，也是无量光佛的眷属
86 (parivāra)。主尊的左边是虚空藏(Ākāśagarbha，图版 41)，右边是地藏(Kṣitigarbha，图版 42)。这证明在塔波寺有日本尚存、汉地曾有过的传统，即无量光佛五尊，但日本宗派多是以圣者龙树(Nāgārjuna)代替虚空藏[4]。

内殿回形甬道壁画为施禅定印的千佛(图版 43)。寺僧认为是千无量光佛，实际上这只是当时西藏西部寺院中最常见的壁画题材，即贤劫(Bhadrakalpa)千佛，对此，前述题记有明确提及[5]，韦勒(Weller)已发表了多语对照的千佛名称列表[6]。

二十二、塔波寺经藏

很不幸，寺院昔日的经藏如今仅余可怜的残存。沿左壁的一个

---

〔1〕 S. C. Das and S. C. Sastri (edited by), *Karuṇāpuṇḍarīka*, Calcutta, Buddhist Society of India, 1898, pp. 37–39.

〔2〕 《大正藏》第 12 册，经号 365。

〔3〕 M. Müller and Junjirō Takakusu (translated by), *Buddhist Mahāyāna Texts*, part II, p. 52, §34. 据有图像学特点或价值的大多数文献看，观音(Avalokiteśvara)应该在阿弥陀佛的右边，大势至(Mahāsthāmaprāpta)在左边。参见《陀罗尼集经》，《大正藏》第 15 册，经号 901，第 800 页，这里代替莲花手观音(Avalokiteśvara Padmapāṇi)的是十一面观音。

〔4〕 “Amida”, in *Hōbōgirin. Dictionnaire encyclopédique du bouddhisme d'après les sources chinoises et japonaises*, Tokyo, Maison Franco-Japonaise, 1929, premier fascicule, pp. 24–30.

〔5〕 附录(七)，第 7 行。

〔6〕 F. Weller (hrsg.), *Tausend Buddhanamen des Bhadrakalpa nach einer fünfsprachigen Polyglotte*, Leipzig, Verlag der Asia Major, 1928.

粗笨经架上无序堆放着弗兰克(Francke)业已指出其重要性的
Prajñapāramitā［般若波罗蜜多］十万颂散叶，不能排除寺院在倭色
尔·索热森(Wazir Zorawar Singh)入侵西藏时被道格拉族(Dogra)军
队劫掠。我几乎可以确信在他前往奇地(Kyi)和卡则(Kaze)的途中
一定经过了塔波。弗兰克似乎否认这种可能性，因为塔波寺是这场
大劫难中唯一幸存的寺院，但不应忘记，塔波寺建于平原，不同于建
于山头、成为难以到达的要塞、有堡垒和射击孔、在战争中用作僧兵 87
最好防御屏障的其他寺院，故此不必拆毁它。一待塔波寺的劫掠过
后，虔诚的信徒便收集古老经藏的散乱残叶，并无序地将其回放于
临时经架上。

与托林寺(tho ling)和西藏西部的其他寺院一样，所有这些写本都用古藏文书写（图版44－45），其中甚至有比塔波寺题记更古老的写法。难以确定这些写本是与寺院创建同时代的原本，还是后来重抄的。众所周知，与中亚平原一样，西藏干燥的气候可以使写本完美保存若干世纪。从另一方面而言，塔波寺地位如此重要，供僧人研习和课诵的经藏抄本肯定相续不断。据至今在藏地仍广泛流行的习俗，个人为了积累功德，也出资雇人抄写“大佛母”(yum chen mo)，即广略不同的 *Prajñāpāramitā*［般若波罗蜜多］。

不管塔波寺的经藏是否古老（此一情况亦适用于我参访的西藏
西部其他寺院），其对藏译 *Prajñāpāramitā*［般若波罗蜜多］及其他
契经的精校都十分重要，因为它们忠实和细致地传承了出自第一批 88
译师之手的文本。如我在《梵天佛地》第二卷中所说，某些古代写本
残叶尚存的译本甚至就是在西藏西部由本地译师(lo tsā ba)所译，无
论它们是出自仁钦桑波本人还是他的合作者。因此这些写本的价
值自不待言，它们给我们提供了研究佛教显密义理的极为重要的文
献原貌。

译自西藏西部，即仁钦桑波教法中心的经叶频频淹没于塔波寺 *Prajñāpāramitā*［般若波罗蜜多］的厚重残本中。这意味着即使凸显自身特点的新教派在西藏其他地区的信徒日增之际，斯比蒂和古格的寺院仍保有某种正统，或多或少地生活于仁钦桑波学派所营造的、基于契经而非本土注疏的文献和宗教氛围中。

写本形式恪守印度，上面通常有两个小圈，其中钻有穿绳小孔，以免经叶散乱。许多写本写满夹注，证明它们曾一度在塔波寺中被
89 仔细研读，如今智识生活已永归寂灭。

列出塔波寺一度如此重要的经藏余留中最值得关注的残本不无裨益：

Abhisamayālaṅkārāloka［现观庄严明］

Bodhicaryāvatāra［入菩萨行论］

Vinayasaṃgraha［律摄］

Saddharmapuṇḍarīka［妙法莲华经］

Pañcaviṃśatisāhasrikāprajñāpāramitā［般若波罗蜜多二万五千颂］

Satyadvayāvatāra［入二谛］

Śatasāhasrikāprajñāpāramitā［般若波罗蜜多十万颂］

Saṅkṣiptamaṇḍalasūtravṛtti［曼荼罗尺度略摄注释］

Aṣṭasāhasrikāprajñāpāramitā［般若波罗蜜多八千颂］[1]

二十三、两件克什米尔雕塑

其他珍藏遗失殆尽，但有两件木雕特别值得一提。弗兰克(Francke)曾刊布过它们，但应予再次发表，因为德国考古学家没有完全认识到其重要性。木雕表现的佛陀通常被视为燃灯佛(Dīpaṅkara)：右手施无畏印(abhayamudrā)，左手执衣袍。

但班纳吉(Banerji)证实该姿态在东印度艺术的叙事雕刻中常用来表现释迦牟尼[2]：立佛表现佛自三十三天而降。

---

〔1〕译者注：塔波寺的经藏已得到整理和编目。［C. Scherrer-Schaub and P. Harrison, *Tabo Studies III. A Catalogue of the Manuscript Collection of Tabo Monastery,* Roma, Istituto Italiano per l'Africa e l'Oriente, 2009, vol. I (*Sūtra Texts* [*Śer phyin, Phal chen, dKon brtsegs, mDo sde, Myaṅ 'das*])］.

〔2〕R. D. Banerji, *Eastern Indian School of Mediaeval Sculpture*, Delhi, Manager of Publications, 1933, p. 79.

塔波寺的两件木雕很有可能描绘的是 *Buddhacarita*［佛所行讚］的部分场景，较大的一件雕有四身供养天众，似乎表现佛成正觉后，90
四天王以四钵供养（图版 46）。另一件表现的可能是佛自天而降（devāvatāra，图版 47）。从艺术角度而言，两件雕塑非常重要，制作精致，使人想到笈多(Gupta)或后笈多艺术的传统样式。但雕像边框清楚表明了其艺术流派，三叶状的拱形之上锐角的三角面以及柱式本身清楚提示出克什米尔的建筑和装饰图案，无疑这两件木雕是十或十一世纪克什米尔流派的原作。它们无可辩驳地证明了仁钦桑波传的记述：仁钦桑波迎请克什米尔艺术家至古格协助庄严其所建的佛寺。

第二章

91 塔波寺金殿

一、金殿及其壁画

金殿(gser khang)是非常值得关注的一间佛殿,尽管其年代很可能为十六世纪,没有祖拉康(gtsug lag khang)壁画古老,但因其墙面几为壁画所遍覆,仍然具有很高的价值。这些壁画应看作第二期古格艺术不应轻视的实物资料,其在森格朗杰王(seng ge rnam rgyal)时达至顶峰,而后逐渐衰落:国王的频繁征伐给古格王国的权势和财富带来致命打击,随着国力日薄西山,艺术传统也渐趋熄灭。

殿内天众形象大于真人,对称排列、每墙三位。因其均为常见天众,图像辨认并不困难。

从入口左壁开始,顺序如下:

a) 药师佛(Bhaiṣajyaguru, sman bla):着法衣(chos gos),左手持钵
92 (piṇḍapātra),右手施与愿印(varadamudrā)。很容易确认他是八药师佛中的哪尊,手印(mudrā)标明为音声王(sgra dbyangs rgyal po)。

b) 中间的像极富庄严,座基上两朵团花内有两个相背的狮子,为古格壁画中最常见的图案(图版48)。无量光佛端坐于莲座(padmāsana),红色,施禅定印的手上持钵(piṇḍapātra),着袈裟。两边立像头戴宝冠、身披天衣,右为白色莲花手观音(Avalokiteśvara Padmapāṇi),左为世自在大势至(Mahāsthāmaprāpta Lokeśvara),如上所述,他们是无量光佛的传统胁侍。

周围装饰极为丰富:在常见的圆形图案内,是许多成组或独立的眷属天众,主像头光上方枝叶繁盛,发愿跪拜的僧众集于四周,涡卷和树叶间隙中的亭台楼阁说明画师意欲表现某一具体场景。

很容易确定此一场景，佚名画师想再现的是无量光佛所在的西方极乐世界(Sukhāvatī)，大多数无法通过瑜伽修行出离轮回(saṃsāra)、圆满解脱的藏地信众渴望在无量光佛的摄受加持下往生极乐。

无量光佛上方伸展枝叶的是菩提树，*Sukhāvatīvyūha*［无量寿经］对 93
其描述如下：

> 恒时繁盛，恒时有叶，恒时有华，恒时有果，有种种百千色，种种叶，种种华，种种果，诸种严饰庄严……[1]

佛像周围的供养会众可能表现的是无量菩萨和比丘众，据前引著名契经，他们来自十方佛土，于此顶礼无量光佛[2]，壁画中的树木象征宝树，在经文中它与充满种种妙欲的天宫楼阁一起[3]，被描写为极乐世界的庄严[4]。

因此，塔波寺壁画取材自极乐世界的传统描述，其流传于大乘经典中，进入藏族民间文学，几乎成为藏人耳濡目染的他力解脱的核心。

装饰座基的大卷草图案使我们重温印度流派的艺术样式[5]。

c) 左边第三铺壁画表现的形象身披天衣，头戴宝冠，饰有项链、
耳铛，深蓝色，双手交叉胸前，左手持铃，右手持金刚杵（图版49）。 94
显然画师表现的是金刚持(Vajradhara, rdo rje 'chang)，他是那若巴的弟子、诗人米拉日巴的上师玛尔巴所创的噶举派(bka' brgyud pa)的本师(ādiguru)。金刚持是噶举派的本尊，但他在格鲁派(dge lugs pa)的修法中地位也很高，这些壁画可能是受后者影响而绘。

---

〔1〕 M. Müller and Junjirō Takakusu (translated by), *Buddhist Mahāyāna Texts*, part II, p. 50, §32.

〔2〕 M. Müller and Junjirō Takakusu (translated by), *Buddhist Mahāyāna Texts*, part II, pp. 45–46, §27, 29, 30.

〔3〕 M. Müller and Junjirō Takakusu (translated by), *Buddhist Mahāyāna Texts*, part II, p. 40, §19.

〔4〕 M. Müller and Junjirō Takakusu (translated by), *Buddhist Mahāyāna Texts*, part II, pp. 33–36, §16.

〔5〕 R. D. Banerji, *Eastern Indian School of Mediaeval Sculpture*, plates XVII c, XVIII d, XXXIII a, XLIV a, etc.

这很自然，因为格鲁派承许的来源清净的怛特罗被认为是金刚持的开示，他所代表的境界比前文提及、以后还要详述的五佛(pañcatathāgata)更高。金刚持是诸法无分别状态的象征，先于以五佛所表达的五分，是坚固不动的金刚界(Vajradhātu)，因此，他也被称为大金刚持(Mahāvajradhara, rdo rje 'chang chen po)，是 *Guhyasamāja*［密集］曼荼罗的主尊。金刚持的标识表明了大乘教义的精髓，因此他被表现为持铃和金刚杵并非偶然。

在金刚乘(Vajrayāna)中，铃象征般若(prajñā)，金刚杵象征方便
95 (upāya)，即悲(karuṇā)。这两个要素代表了菩提根本的见和修，是菩提心的精髓，从中迸发出实相之光。

金刚持端坐于极尽庄严之宝座，座基上除了两只狮子外，还有两头象，后者是不动佛(Akṣobhya)的传统骑乘。当要从五佛达致先于任何分别的更高境界时，金刚持(Vajradhara)成为不动佛的分身，而此一境界的象征亦被称为本初佛(Ādi Buddha)，尤其在时轮(kālacakra)传规中。

金刚持周围是各种姿态的瑜伽士。很容易想到他们是谁。画师想要表现的是八十四成就者(siddha, grub thob)[1]，他们传承了金刚持的开示，或者更准确地说，他们在不断的教授和成就中使金刚持的开示保持鲜活，依据印藏传统，成就者一共有八十四位。这些成就者是印度中世纪宗教融合运动中开创甚深成就法的最有代表性的人物。

正壁形象如下：

a）一菩萨舒相坐于种种严饰的宝座上（图版 50），右足踏莲花，
96 左腿屈于左膝下，术语称为轮王坐(lalitākṣepa)，双手施转法轮印(dharmacakra)。从坐姿及手印判断，这一菩萨舒相是未来佛弥勒

---

〔1〕 A. Grünwedel, "Die Geschichten der vierundachtzig Zauberer (Mahāsiddhas)", *Baessler-Archiv*, 5, 1916, pp. 137 – 228; A. Grünwedel (übersetzt von), *Tāranātha's* Edelsteinmine, *das Buch von den Vermittlern der Sieben Inspirationem*, Petrograd, Imprimerie de l'Académie Impériale des Sciences, 1914.

(Maitreya, byams pa)。弥勒左侧齐肩绽放的莲花上置一净瓶(称为chab ril, chab blugs或spyi blugs)。左边和下部是一群种种身色的天众,其中突出的是着袈裟、施无畏印(abhayamudrā)的常式不空成就佛(Amoghasiddhi)。

b) 中间为现在佛释迦牟尼(图版51):表现的是佛降魔(māra)及获正觉后,请大地作证的场景。佛右手施触地印(bhūmisparśamudrā),左手呈禅定姿。这是佛教图像中的传统身形,大乘佛教称其为金刚座(vajrāsana)。两侧为佛的两大弟子:舍利弗(Śāriputra)和目犍连(Maudgalyāyana)。

周围是绘制精良的十六罗汉,即释迦牟尼和未来佛弥勒之间的护持法藏者。佛像靠背上方是位于两身礼拜龙王(nāga)间的金翅鸟(garuḍa)。

c) 右边,与弥勒一样呈轮王坐、面向佛陀的是文殊(Mañjuśrī,图 97
版52)。左右肩处有两朵莲花,右边莲上置剑,左边莲上置经函,这正是文殊的标识,它们表明般若的力量和密意。经函代表般若(prajñā)内义,即诸法皆空(śūnya),剑代表般若外现,一旦得证般若,就能灭除烦恼和所知二无明暗障。

二、怛特罗召请的方法和意义

比定上述身像为文殊(Mañjuśrī)后,我们需要更细致的解释。如前所述,大乘佛教中不同的天众是甚深成就的象征,以不一的传统方式表现,代表净治(śuddhi)的方法,以及观想的起点和所缘(ālambana,如经论所言):对受灌顶者或信众而言,这是据他们的不同根器开启更高的观境,并使他们在以三摩地(samādhi)为代表的至上禅观中与观境合一。我们面对的是一个本质上纷繁多样、
起伏不定的世界,这就是为禅悦所牵引、为观境所策励的内心。 98
只要承认教义的真实不虚唯有亲证,教义自然也必定折射出无尽的多样性,犹如将教法作为解脱舟筏和心法的上师一样多。

在一个不强求统一教条、不认可规矩固定的僵化僧团、重视实

修和成就甚过教义、而且精勤修习使一切充满活力的学派中，取向的多元显而易见，即不同曼荼罗、不同形象代表的各种象征中所表达的方法的多元不可避免。显然，聚居于大乘、尤其是金刚乘世界的大多数天众常常缺乏规律，至少对我们而言如此，并且卒难分别，因其仅在细节上不同而名号各异，他们是基于怛特罗成就的召请过程中的自然生起。他们来自于佚名上师的本心，当上师入定之际，本尊在这些时刻以可见的外形显现，而这往往是观想次第的第一步；一旦上师出定，回到平常意识，便力图重现和固定在甚深三摩地(samādhi)中的观境瞬间。这是成就法的规定：重摄本心，一心不乱，
99 达至无分别状态。从密教论师视作对空性(śūnyatā, stong pa nyid)
探究的人我空生起光明，集中于种子字(bīja)，本尊身形由中而现，越来越清晰；修法者(sādhaka)以本尊为观想起点和净治舟筏，因为在第二和更高次第中，甚至召请的本尊对修法者而言也只是诸法刹那无常的投射，而不再是至上究竟。此种情况非常普遍，因此我只在密教论书中描述众多大乘天众成就法(sgrub thabs)的单调重复的上百种观想仪轨中择取其一。

例如，我们在上文已经引述并翻译了 *'dod lha sna tshogs kyi sgrub thabs*［诸欲天成就法］中对暴恶金刚手(Caṇḍavajrapāṇi)的观想(dhyāna)，对其召请描述如下：

> 皈依三宝、发心、修四无量之前行后，通过 svabhāvaśūnyāḥ sarve dharmāḥ，即“诸法自性空”的真言获得“空之净治”，从
> 100 空的状态中出现莲花、日、月，其上面是自心的（精华和象征
> 的）hūṃ字母[1]，它（逐渐）变成九股金刚杵，深蓝色，以炽燃的（同样的）hūṃ字母为标识，从字母发出具有两种意义的光[2]，

---

〔1〕 自心在其根本意义上等于出生诸法的清净本识，因为如果没有这种认定，解脱也就不可能实现。

〔2〕 即遍满(spharaṇa)和收摄(saṃharaṇa)：首先是遍满，想象整个虚空被光明所充满，第二是光明收摄于一点。整个［成就法鬘］充满了这些观想。B. Bhattacharyya (edited by), *Sādhanamālā*, Baroda, Oriental Institute, 1925－1928, 2 vols.

光收摄后,本尊在自心中显现。[1]

因此整个仪轨实际上是一种内在的召请,相应地,也是本尊欣然回应修法者(sādhaka)的迎请而示现的过程。尽管有真言、次第、传规的限制和约束,但显然观境因人而异,只有在亲证中,义理才成为
真实,成就才是具体的。正因为如此,大乘佛教天众才不断涌现,其不 101
仅接收、改造印度及周边国家从久远时期以来植根于民族深处、作为最隐秘真实象征的大量无名的、鲜活的神祇,而且也使怛特罗认定的与本尊无二无别、能印可其成就的上师的心法具有了生命和价值。因此,尽管怛特罗根本论书保持不变,多数时候它是能加以不同诠释的简单口诀,但描述其成就法(sadhāna, sgrub thabs)的论书却数不胜数,它们以各种象征性的图像或曼荼罗图式表达自身,并且是以限于某一特定观想对象的禅观(dhyāna)为出发点的新艺术样式的源泉。

再回过来讨论文殊(Mañjuśrī),他亦有众多化现,*Sādhanamālā*[成就法鬘]中有对文殊的观想法,通过该书很容易确认金殿所绘文殊是语王文殊(Vādirāṭ)的一个身形[2]。

尽管 *Sādhanamālā* [成就法鬘]和以之为据的巴特恰利亚(Bhattacharyya)的书中罗列了众多成就法,但并未穷尽文殊(Mañjuśrī)

---

〔1〕 第41叶:

སྐྱབས་འགྲོ་སེམས་བསྐྱེད་ཚད་མེད་བཞི་བསྒོམ་པ་སྔོན་དུ་བཏང་། སྭ་བྷཱ་ཝ་ཡིས་སྟོང་པར་སྦྱངས། སྟོང་པའི་ངང་ལས་པདྨ་དང་། ཟླ་ཉིའི་སྟེང་དུ་རང་སེམས་ཧཱུྃ། ཡོངས་གྱུར་རྡོ་རྗེ་རྩེ་དགུ་པ། མཐིང་ནག་མེ་འབར་ཧཱུྃ་གིས་མཚན། དེ་ལས་འོད་འཕྲོས་དོན་གཉིས་བྱས། ཚུར་འདུས་ཡོངས་སུ་གྱུར་པ་ལས། རང་ཉིད་དཔལ་ལྡན་གཏུམ་པོ་ཆེ།

skyabs 'gro sems bskyed tshad med bzhi bsgom pa sngon du btang/ sva bhā wa yis stong par sbyangs / stong pa'i ngang las padma dang/ zla nyi'i steng du rang sems hūṃ/ yongs gyur rdo rje rtse dgu pa / mthing nag me 'bar hūṃ gis mtshan / de las 'od 'phros don gnyis byas / tshur 'dus yongs su gyur pa las / rang nyid dpal ldan gtum po che /。

译者注:图齐原书中གཏུམ་པོ་作གཏུམ་མོ་。图齐对文献并非逐字翻译,而是增加了一些注解,为读者理解方便,此处的汉译跟从图齐。

〔2〕 *Sādhanamālā* I, pp. 101ff.

的大量图像表现;文殊在晚期大乘学派中备受重视,并且引发了与 *Mañjuśrīmūlakalpa*［文殊师利根本仪轨经］有关的复杂的怛特罗部组。

102 例如,在藏地可能属于宁玛派(rnying ma pa)的另一部论书以文殊为中心讲述了生起、收摄、圆满的完整次第[1];其中将文殊分为众多形相,每一身形象征生起次第或净治的不同阶段。主要的身形如下:

1. 童子文殊(Mañjukumāra),白色,六臂。标识:法轮、青莲花(utpala)、般若波罗蜜多(prajñāpāramitā)经函、弓、箭,拥抱法界自在母(Dharmadhātvīśvarī),白色,持青莲花。
2. 智慧萨埵(Prajñāsattva, ye shes sems dpa'),深蓝色。标识:金刚杵、青莲花、般若波罗蜜多经函、弓、箭,拥抱金刚界自在母(Vajradhātvīśvarī),深蓝色,持青莲花。
3. 功德萨埵(Guṇasattva, yon tan sems dpa'),黄色。标识:宝珠、青莲花、般若波罗蜜多经函、弓、箭,拥抱宝界自在母(Ratnadhātvīśvarī),红色,持青莲花。
4. 语狮子(Vādisiṃha, smra ba'i seng ge),红色。标识:莲花、青莲花、般若波罗蜜多经函、弓、箭,拥抱莲花界自在母(Padmadhātvīśvarī),红色[2],持青莲花。
5. 功业天成('phrin las lhun grub),绿色。标识:剑、青莲花、般若波罗蜜多经函、弓、箭,拥抱羯磨界自在母(Karmadhātvīśvarī),黄绿色,持青莲花。

   这样形成对应于五佛的五部,每个文殊菩萨的身形与五佛通常具有的标识和密意相同。

6. 除无明暗(ma rig mun sel),白色。标识:炽燃之轮。明妃(śakti):
103 嬉天女(Lāsyā),白色,持明镜。
7. 锐利文殊('jam dpal rnon po),黄色。标识:炽燃之剑。明妃:鬘天女(Mālā),黄色,持宝鬘。

---

〔1〕 འཇམ་དཔལ་ཤིན་རྗེའི་པད་ཀོང། 'jam dpal shin rje'i pad kong.
译者注:经核对,写本为ཀོང,原书写作དཀོད。

〔2〕 译者注:原书写作白色。

8. 欲足如意(yid bzhin gyi re ba skongs)，红色。标识：莲花。明妃：称天女(Kīrti)，红色。
9. 显明除信(snang ba dad sel)[1]，绿蓝色。标识：五股金刚杵。明妃：舞天女(Nṛtyā)，绿色，舞姿。
10. 调伏众生('gro ba 'dul ba)，白黄色。标识：宝。明妃：烧香天女(Dhūpā)，白黄色。
11. 四语童子(tshig bzhi gzhon nu[2])，红黄色。标识：经函。明妃：花天女(Puṣpā)，红黄色，散花。
12. 变现(rnam par sprul pa)，红绿色。标识：宝穗。明妃：灯天女(Dīpā)，红黄色。
13. 坐轮(stan pa'i 'khor lo)，红绿色。标识：青莲花。明妃：涂香天女(Gandhā)，白绿色。
14. 天文殊(lha'i 'jam dpal)，白色，持琵琶。
15. 非天文殊(lha ma yin[3] 'jam dpal)，深蓝色，持武器和铠甲。
16. 人文殊(mi'i 'jam dpal)，黄色，持有盖竹篾器。
17. 傍生文殊(byol song[4] 'jam dpal)，红色，持经函。
18. 恶鬼文殊(yi dvags[5] 'jam dpal)，绿色，持炽燃之宝。[6]
19. 地狱文殊(dmyal ba'i 'jam dpal)，持海螺。

接着是暴恶金刚(rdo rje gtum mo)等文殊的忿怒相，其中最重要的是金刚怖畏(Vajrabhairava)。

让我们回到金殿壁画。

a) 右壁第一身形象(图版53)使我们想到祖拉康已详细叙述的曼荼罗，它表现的是大日如来，白色，四面，施禅定印，即普明曼荼罗主尊。小圆形图案内表现的是普明三十七眷属天众。许多天众与祖拉康的塑像相同，易于辨识。绘画十分精致，极为庄严。 *104*

---

[1] 译者注：原书写作 sna ba dad shel。
[2] 译者注：写本为 gzho nu。
[3] 译者注：写本为 lha myin。
[4] 译者注：写本为 byol songs。
[5] 译者注：写本为 yi dags。
[6] 译者注：第16－18据写本所加。

b) 壁面中央为绿度母（Tārā Śyāmā，图版 54），右手施与愿印，左手持莲茎，莲花绽放于肩部。周围小像表现的是度母天众，此处的图像是成就法集成所描述的常式，如已提到过的 *'dod lha sna tshogs kyi sgrub thabs*［诸欲天成就法］：〔1〕

> 圣度母，身绿色，如阳光环抱之翠绿须弥山，一面二臂，右手施与愿印，左手以象征三宝之手印执持青莲花，其花瓣于左耳处绽放，菩萨跏趺坐姿，以绫罗宝贝为庄严。〔2〕

c) 最后，第三身大像表现的是尊胜佛母（Vijayā，rnam rgyal ma），周围常见的圆形图案内绘有其曼荼罗的眷属天众。但因壁面损毁严重，无法拍照。

105 三、怛特罗学派中的护法和忿怒天众

殿门两侧壁面有相互重叠的常见忿怒天众和护法（dharmapāla，dvārapāla，chos skyong）。他们通常紧挨殿门，像威猛的卫士，目的是为了消除一切障碍损害（vighnavināśārthaṃ）。

---

〔1〕 i 函，第 98 叶。*Sādhanamālā* I，p. 176.

〔2〕 རང་ཉིད་བཅོམ་ལྡན་འདས་འཕགས་མ་སྒྲོལ་མ་སྐུ་མདོག་ལྗང་ཁུ་མརྒད་ཀྱི་ལྷུན་པོ་ལ་ཉི་མ་བྱ་བའི་མདངས་ཀྱིས་འཁྱུད་པ་ལྟ་བུ། ཞལ་གཅིག་ཕྱག་གཉིས་པ། ཕྱག་གཡས་མཆོག་སྦྱིན་ཀྱི་ཕྱག་རྒྱ་མཛད་ཅིང་། གཡོན་དཀོན་མཆོག་གསུམ་མཚོན་གྱི་ཕྱག་རྒྱས་ཨུཏྤ་ལ་ལྗང་ཁུ་བཟུང་བའི་འདབ་མ་སྙན་གཡོན་གྱི་ཐད་དུ་ཁ་བྱེ་བ། སེམས་དཔའི་སྐྱིལ་ཀྲུང་གིས་བཞུགས་ཤིང་དར་དང་རིན་པོ་ཆེའི་རྒྱན་གྱིས་སྤྲས་པ་……

rang nyid bcom ldan 'das 'phags ma sgrol ma sku mdog ljang khu margad kyi lhun po la nyi ma bya ba'i mdangs kyis 'khyud pa lta bu / zhal gcig phyag gnyis pa / phyag g.yas mchog sbyin kyi phyag rgya mdzad cing / g.yon dkon mchog gsum mtshon gyi phyag rgyas utpala ljang khu bzung ba'i 'dab ma snyan g.yon gyi thad du kha bye pa / sems dpa'i skyil krung gis bzhugs shing dar dang rin po che'i rgyan gyis spras pa…

译者注：原书漏写མཀད་ཀྱི་ལྷུན་པོ་ལ་ཉི་མ་བྱ་བའི་མདངས་ཀྱིས་འཁྱུད་པ་ལྟ་བུ། 如阳光环抱之翠绿须弥山。

其中有深蓝色的马头明王(Hayagrīva, rta mgrin)、多闻子(Vaiśravaṇa)、六臂大黑天(mgon po phyag drug)和金刚手(Vajrapāṇi)。与忿怒天众一道,其中还有度母和观音,这可以理解。这些忿怒天众通常是静相天众的怒相(krodha)表现[1]。

天众越慈悲,其怒相越怖畏,怒相是为了遣除障碍正善士夫和白净善法的各种违缘。

因此,像昔日和今天的许多参访者一样称这些天众为恶魔是错误的。在印藏宗教心理学中,没有真正意义上的恶魔,有的只是心魔,即独立活动于本识中或器世间的、激起损挠有情的烦恼违缘的心力;是一种无序的、常常莫名的行为的充斥,就像藏族神话和民间故事中的 106
地祇(sa bdag)、鲁(klu)和饿鬼(yi dags),它们只遵从自身的盲目冲动。

藏地在这方面遵循印度,不存在与善对立、否定神的、如同黑暗否定光明、被想象为宇宙绝对力量的恶神。这种浸透基督教和诺斯替教派学说的二元论源自伊朗。安格拉·曼纽(Anhro Mainyu)与其衍生物、主使、撒旦等等是肉体与灵魂邪恶的创造者。这是作为神的对立面的反创造,因此必然成为人和事的束缚。它们是互相斗争的两个王国,一些学派认为斗争以善神的完全胜利为结束,另一些学派认为恶神将作为诅咒判罪的王国而存留。印度确实有魔罗(māra),但其所有的否定特性都有别于安格拉·曼纽、撒旦、主使等,魔罗仅仅是诱惑者。魔罗并非恶主,而是爱神和生主,魔境为幻(māyā),即使幻也非其所有、非其所造,如同安格拉和造物主那样,幻是至上存在——无论是何种——在展开自身、物化自身的欲求下,依自己的意愿包裹、潜藏自身的外壳。魔罗在大乘佛教中常常

[1] ནང་གི་ཐུགས་རྗེ་ཆེན་པོའི་ཐབས་ཀྱིས་ཕྱིའི་སྐུའི་རྣམ་པ་ཁྲོ་བོར་སྤྲུལ་པ་ཞེ་སྡང་ཞེས་པ་ཡིན། nang gi thugs rje chen po'i thabs kyis phyi'i sku'i rnam pa khro bor sprul pa zhe sdang zhes pa yin 以内之大悲方便化现外身之忿怒形相,称为嗔恚。རྒྱུད་ཐམས་ཅད་ཀྱི་རྒྱལ་པོ་དཔལ་གསང་བ་འདུས་པའི་རྒྱ་ཆེར་བཤད་པ་སྒྲོན་མ་གསལ་བའི་ཚིག་དོན་ཇི་བཞིན་འབྱེད་པའི་མཆན་གྱི་ཡང་འགྲེལ། *rgyud thams cad kyi rgyal po dpal gsang ba 'dus pa'i rgya cher bshad pa sgron ma gsal ba'i tshig don ji bzhin 'byed pa'i mchan gyi yang 'grel* [一切怛特罗王吉祥密集广释明灯之词义辨析再注],第69叶。

将自身展开为象征四种冲动的四分,如 *Vimalaprabhā* [无垢光]所说,魔罗是让我们执著生命、堕入轮回的心识,是作为厌离对立面的
107 染污识,魔境就在我们内心[1]。魔罗既是生主,也是死主,因为有生必有死。魔罗作为幻主不能不化现为诱惑者。幻就是轮回(saṃsāra),任何求取解脱道的人都必须超越、否定幻。

因此魔罗(māra)象征愈临近否定,愈再次肯定自身的生命定律,象征欲以其谄曲,对厌离的恐惧,以及欲、爱、情使我们回退的世界,他是所有修道者生活中的违缘、怖畏、障碍。魔罗不仅仅是印度—伊朗神话遗产的神,更是心理现象,他本身没有伊朗概念中的造物主及其衍生的特征。因此魔罗既不是永死者也非永罚者之神,因为在佛教和印度教中没有永罚,只有恶业长短不一的修治和清净。

如前所见,此后将会更为清晰,佛寺是仪轨的建筑和立体投射;护法(dharmapāla)和门神(dvārapāla)的出现引导我们回到印度教和佛教每个供养行为的关键阶段。如果不首先驱除为举行仪式而净
108 界的障碍(vighna),仪式就不能得到预期的效果,因此除障(vighnavināśa)是供养必不可少的前行。

在灌顶仪式中也是如此,冗长和复杂仪式的第一个阶段是降忿怒本尊(krodhāveśa),即召请忿怒本尊降至受灌顶者的身上,以此驱除受灌顶者的内外障[2]。因此为使佛寺净地清净无染的氛围始终保持,近殿门处要塑绘护法(chos skyong)天众,至上慈悲在其身上成为活力和战斗力,以此消除任何外障。

---

[1] Tasmān māro nāma sattvānāṃ samsāracittaṃ... māraḥ samalaṃ cittaṃ,第一品。藏文翻译,第22叶正面。

[2] 对此重要仪式的描述保存在那若巴的 *Sekoddeśaṭīkā* [灌顶略说注](第47叶)中,该写本我已从尼泊尔带回,不久将由我的学生卡雷利博士发表和翻译。作为成就法仪式前行的降忿怒本尊(krodhāveśa),参见 *Sādhanamālā* I, p. 3。
译者注:[M. E. Carelli (edited by), Sekoddeśaṭīkā *of Naḍapāda (Nāropā). Being a Commentary of the* Sekoddeśa *Section of the* Kālacakra Tantra, Baroda, Oriental Institute, 1941],新的校勘本见[*The* Sekoddeśaṭīkā *by Nāropā* (Paramārthasaṃgraha). Critical Edition of the Sanskrit Text by F. Sferra [and] Critical Edition of the Tibetan Text by S. Merzagora, Roma, Istituto Italiano per l'Africa e l'Oriente, 2006]。

第三章

塔波寺曼荼罗殿 109

一、曼 荼 罗 殿

曼荼罗殿(dkyil khang)是最小、最偏僻、保存最差的佛殿之一。其内壁画并不古老,可能属于十七世纪,也许是拉达克诸王修缮或重建整个塔波寺之际。无论如何,在整个寺院中曼荼罗殿相当于某种“殊胜之处”。曼荼罗殿不像其他殿那样对信众开放,而是内中以色彩、线条和形象的密语传译某一成就的曼荼罗(maṇḍala)净地。曼荼罗殿是灌顶殿,是上师向弟子开示在其入坛之前长期讲说的成就法的场所,当闻和思的阶段为修所代替时,当弟子能被承许与证境——他目前仅有刹那、零散的体证,而非彻悟——最终契合时,上
师于曼荼罗殿中向弟子灌顶(abhiṣeka);弟子以重生者的面貌出坛, 110
因为灌顶是对其定获心法的承许。因此,曼荼罗殿中没有供像和供案,不再需要供养本尊,本尊自身如镜花水月,本尊就是上师。复杂灌顶仪式中的一个阶段是先观想古鲁为本尊,再观想自身为本尊,或与本尊合一。因此,曼荼罗殿除象征表达受灌顶者证境的曼荼罗外,不许有其他陈设。绘制在该小殿壁面上的曼荼罗非常重要,因为它们向我们传达了古代塔波寺盛行的曼荼罗。

主尊表现的是大日如来,其身形是我们已经讨论过的普明大日如来(Sarvavid Vairocana),白色,四面、金刚跏趺坐(vajraparyaṅka),双手施禅定印(dhyānamudrā,图版55)。周围许多圆形图案内有各种天众。显然,该曼荼罗与我们描述祖拉康塑像时已经讨论过的不同。天众数目也不尽一致,而且,从上往下的六身形象与曼荼罗似乎没有什么联系,因为表现的是身着袈裟的诸佛。壁画漫漶相当严重,无法清楚比定。但需注意的是,不能绝对地认为壁画表现的就

111 是一个曼荼罗，因为缺乏曼荼罗特有的十字形构图。

相反，左壁表现的就是一个曼荼罗：有围墙、门、牌楼(toraṇa)和四护门。天众呈十字形配列，使曼荼罗得名的主尊位于中央，其他天众配列于八方隅。壁画保存状况堪忧，曼荼罗的比定相当困难。但主尊右手施触地印（bhūmisparśamudrā），可能表现的是不动佛（Akṣobhya，图版56）。右壁曼荼罗的现状使我无法辨认，因为主尊形象磨损殆尽（图版57）。

曼荼罗殿(dkyil khang)壁面还有其他绘画，但仅有部分值得关注，主要是从历史而非审美的角度，因为壁画整体水平不高。

二、历 史 画

门左侧下方的壁画绘有三位于莲座(padmāsana)上金刚跏趺坐(vajraparyaṅka)的僧人。中间的僧人高于其他二位，袒右肩，与其他两位着偏衫袈裟不同。三位僧人均有头光。旁边的两位施转法轮印（dharmacakramudrā，图版58）。

112 通过榜题可以确定这三尊僧像：

ཕོ་རང་གཙུག་པ་བྱང་ཆུ་འོད། བླ་མ་ཞི་བ་འོད། ལྷ་མ་ཡི་ཤེས་འོད།

pho rang gtsug pa byang chu ’od / bla ma zhi ba ’od / lha ma yi shes ’od /

拼写明显有误，必须改为：pho brang gtsug pa byang chub ’od[1]；bla ma zhi ba ’od[2]；lha bla ma ye shes ’od[3]。关于这三位人物我在《梵天佛地》第二卷中已说过许多[4]。

希瓦沃(zhi ba ’od)在壁画中的突出地位可以理解，在译事成为教法生活中最伟大功绩的时代，其作为杰出译师的声望比其他二位要高得多。正因为如此，希瓦沃给古格王室赢得了特殊的威望。

---

〔1〕 高贵殿下降秋沃。

〔2〕 喇嘛希瓦沃。

〔3〕 拉喇嘛意希沃。

〔4〕 在所知的文献资料中 pho brang 是 byang chub ’od 的头衔。

正壁右边的壁画也同样重要,其表现的是一组建筑群,由题记得知,这组建筑是传统上不可分割的两座寺院托林寺和塔波寺的全景图(图版59)。使画面生动活泼的众多人物也有记载其名号的榜题,绘画表现的或许是当时的高僧,如今却湮没无闻,无法进一步描述。可释读的题记如下:

ཐོ་གླིང་གསེར་ཁང་གི་དཀོད་པ་ tho gling gser khang gi dkod pa〔1〕

托林金殿之布局

ཏ་བོ་རྒྱན་གཙུག་ལག་ཁང་གི་དཀོད་པ་ ta bo rgyan gtsug lag khang gi dkod pa 113

塔波之饰、祖拉康之布局

བྱང་སེམས་ནམ་ཁ་འོད་ byang sems nam kha〔2〕'od

虚空光菩萨

གནས་སྟན་ཆེན་པོ་ཆོས་འཕགས་ gnas stan〔3〕chen po chos 'phags

大上座曲帕

རྒྱལ་པོ་བསོད་སྡེ་ rgyal po bsod sde

索德王〔4〕

ཇོ་བོ་ལྷམ་འཛེས་ jo bo lham 'dzes

可能应是 jo bo(或者 jo bo'i)lham rjes“阿底峡之履迹”。在整个藏区,高僧的足迹(zhabs rjes)被认为是供养和朝拜之圣迹。

བློན་པོ་རིན་རྒྱན་ blon po rin rgyan

大臣仁金

〔1〕 བཀོད་པ, bkod pa.

〔2〕 ནམ་མཁའ, nam mkha'.

〔3〕 གནས་བརྟན, gnas brtan.

〔4〕 这个索德王一定是布让(pu rang)的索南德(bsod nams sde),当古格王国的玛拉王朝(Malla)接近消亡时,他得到了王位,一般被称为布尼玛(puṇya smal)。A. H. Francke, *Antiquities of Indian Tibet*, part II (*The Chronicles of Ladakh and Minor Chronicles*), pp. 169, 276.

བློན་པོ་གྲང་དཀར་སྤོས་སྣ་ཁང་ blon po grang dkar spos sna khang

章噶的柏那康大臣

可见，拼法不尽人意。

第四章

塔波寺配殿 114

一、配　　殿

弥勒殿(byams pa lha khang)内无甚特别，显然经近代重建，墙上壁画亦然。一尊贤坐、双手施转法轮印的弥勒(byams pa)大像位于正壁(图版60)。一铺壁画表现的是喇嘛金刚协饶桑布(vajra shes rab bzang po[1])，与《梵天佛地》第一卷刊布的擦擦(tsha tsha)上的姿态相同[2]。

不过，地面露出的石柱础证明了该殿的古老。柱础四面镌饰狮子，其粗犷原始的风格可归于初期古格艺术(图版61)。它与拉隆塔上的雕刻式样尤其相似。古老的殿堂可能毁于火灾。

种敦('brom ston)小殿无甚遗存，除了弗兰克(Francke)已提到的雪松木门，它是保存至今的十二世纪少数木雕文物之一(图版62)。
刻工精细，可确信它也是印度工匠的作品，这也再次证实了仁钦桑 115
波传中的清楚记载。正如我提及祖拉康的两件木质浅浮雕时所说，我们不知道这些工匠是译师本人从印度朝圣归来途经克什米尔时迎请的，还是后来古格王迎请的众多工匠中的一批，抑或是因伊斯兰教的兴盛或克什米尔君王的无道统治而从印度逃离而来。无论如何，木门与位于克什米尔边境区的阿济寺('a lci)木门的相似之处，使我们想到该区应当是这种通常过于繁饰的精品艺术的发源地，其中一些珍品在托林寺仍然可以欣赏到。

殿内没有其他有价值的陈设，甚至壁画也被重绘过，且仅仅从

---

〔1〕 译者注：原书写作 vajra shes rab。
〔2〕 《梵天佛地》第一卷，第69页。

图像学的角度看也乏善可陈。我只记录了无量光佛(Amitābha)、大日如来(Vairocana)和绿度母(Śyāmā Tārā)。

种敦大殿('brom ston lha khang chen po)是祖拉康之外最大的一个殿,但已经完全空置且改作他用。其壁画为八药师如来(sman bla),很可能是十七世纪的。这里我不想对此进行完整的描述,因为后面还要讨论到西藏西部寺院中频繁出现的比此例更古老、从艺术角度更重要的药师如来。此外,还有宗喀巴和无量光佛的众多身像。

小白殿(lha khang dkar byung)意义不大。

第五章

拉 隆 寺 116

一、拉隆寺的大日如来部组

萨特沃斯(Shuttleworth)曾研究过拉隆寺(lha lung)[1]。在斯比蒂地区,传统上将其归属于仁钦桑波时代。尽管传记未曾提及,但没有理由否定当地传统;甚而,该小寺不仅是最古老的、而且还是保存最好的佛寺之一(插图7)。

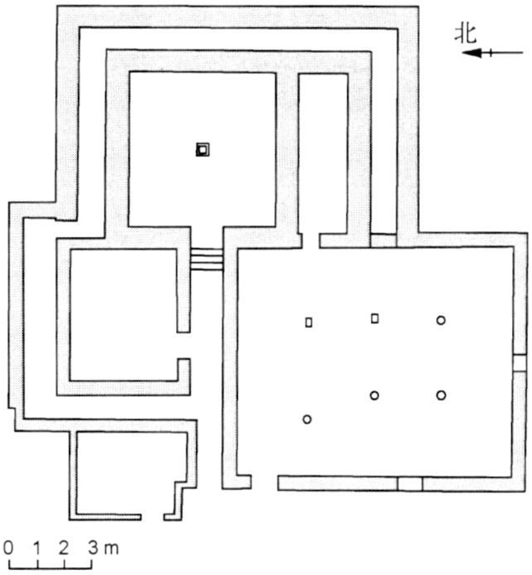

插图7

[参考 D. Klimburg-Salter, "Tucci Himalayan Archives Report", *East and West*, 44, 1994, p. 42, fig. 20.绘制]

我不想对佛寺作一概述,不然得大量重复萨特沃斯已说过的。相反,我将全面研究图像,因为这位前辈对图像的比定大多数值得商榷。无疑,他记录中的许多错误应归咎于那些信息提供者:不幸的是,今天西藏西部的僧人在教证方面的热忱与他们的先代上师完全不同,他们提供的信息通常没有太多价值;当被问及有关绘画或曼荼罗(maṇḍala)的意义时,为掩饰自己的无知,他们会毫不犹豫地提供完全错误的信息,给想要认真进行研究的人制造难题,甚至,稍不留神,就容易南辕北辙。 117

让我们从入门左手壁,即萨特沃斯说的北面开始。整壁由等人

[1] H. L. Shuttleworth, *Lha-luṅ Temple*.

大小三面八臂的主尊，以及十六身小像所占据（图版 63 – 65），均为泥塑，与塔波寺相同。

萨特沃斯据其搜集的信息认为主尊是尊胜佛母(Vijayā, rnam rgyal ma)，其他是十六度母。如此比定应予排除，理由很明显：如图版 64 清楚所示，主尊非女身，而为男身，且十六小像也并非均为女身。因此，不应因当今的说法误入歧途，而要以更精确的图像学标准来比定天众。

观察这十七身天众，很容易看出十六小像围绕 gtso bo——藏人对曼荼罗主尊的称呼——分布，左右各八身，外圈十二身为天女，内圈左右四天众为男身。后者据手印可以明确比定：主尊右上方施与愿印(varadamudrā) 的是宝生佛(Ratnasambhava)，右下方施触地印(bhūmisparśamudrā) 的是不动佛(Akṣobhya)，左上方施禅定印(dhyā-namudrā) 的是无量光佛(Amitābha)，左下方施无畏印(abhayamudrā) 的是不空成就佛(Amoghasiddhi)。他们是五佛中的四佛，还缺大日如来，因此，主尊只能是大日如来的身形之一。据与 *Guhyasamāja*
118 ［密集］类似的 *Tattvasaṃgraha*［真性集］传规，大日如来有两个身形：金刚界(Vajradhātu) 摩诃毗卢遮那(Mahāvairocana) 以及单纯的大日如来，金刚萨埵(Vajrasattva) 甚至观音佛(Buddha Avalokiteśvara) 也是大日如来的平等化现[1]。这也由主尊上方的普明像得以证明。

比定剩下的十二天女并不困难，显然，她们是四明妃(śakti)，即佛眼母(Locanā)、忙莽计母(Māmakī)、白衣母(Pāṇḍaravāsinī)、度母，以及在讨论塔波寺塑像时我们业已详述的八供养天女(mchod pa'i lha mo)。

二、正　　壁

正壁除了萨特沃斯述及的释迦牟尼外，左右还有五身一组的天众。

---

〔1〕 在庆喜藏(Ānandagarbha) 注释的 *Paramāditantra*［最上本初怛特罗］中观音(佛)是曼荼罗的主尊(yi 函，第 188 叶)。比较 ri 函，第 343 和 350 叶，在 ri 函，第 36 叶中，主尊为金刚萨埵(Vajrasattva)。

译者注：据图齐所提论书的藏译，此处的观音佛即世自在('jig rten dbang phyug)。

从壁面左侧开始：高处的形象较大，因此可以视作整个立体曼荼罗(maṇḍala)的主尊，其为菩萨像，右手置于右膝、右腿前伸，姿势僵硬，与塑像其他部分的细腻精致形成强烈对比，给人以塑像曾经修缮的印象。坐姿不是游戏坐(lalitāsana)，不是轮王坐(lalitākṣepa)，也不是半跏趺坐(ardhaparyaṅka)。左手置于座处，持莲茎，白莲绽放于肩处。几乎可以肯定该像表现的是语自在文殊(Mañjuśrī Vāgīśvara)，据 *Sādhanamālā*［成就法鬘］，其身形为："橘黄色，左手持青莲花，右手游戏势"（图版 66）[1]。该像与巴特恰利亚(Bhattacharyya)的图版相似[2]。 119

语自在文殊的四身眷属(parivāra)中右侧第二身形象可能是五字文殊(Mañjuśrī Arapacana)，其右手应持剑，左手应持般若(prajñā)经函。其他塑像无法比定。

正如塔波寺，此处的塑像标识亦荡然无存，塑像在近世曾经重绘，也许还曾经重修，其痕迹不仅在前述文殊(Mañjuśrī)身像上可见，而且下方左侧尊像与其他塑像相比，手的姿势机械僵硬（图版 67）。

将释迦牟尼右边形象比定为文殊后，我们猜测其左侧应为弥勒(Maitreya)，因为释迦牟尼的常随胁侍如不是其弟子舍利弗(Śāriputra)和目犍连(Maudgalyāyana)，就是弥勒和文殊（图版 67）。但尽管缺乏标识，上方的像无疑是金刚萨埵(Vajrasattva)，其左手持铃置于腿侧，右手持金刚杵。

眷属中的天女是度母，其左手可能持莲茎。

三、般若佛母 120

右壁也值得关注。据萨特沃斯(Shuttleworth)[3]，中央形象为四臂观音（Avalokiteśvara，图版 68），他推定周围的八身尊像为八药

［1］ *Sādhanamālā* I, p. 105.

［2］ B. Bhattacharyya, *The Indian Buddhist Iconography*, plate XIV d.

［3］ H. L. Shuttleworth, *Lha-luṅ Temple*, p. 6.

师佛。有充分理由否定他的比定。从图版甚至从萨特沃斯报告中的插图可以清楚看到中央形象为女身，周围交替表现的是着袈裟的佛和天女。

主尊双手施转法轮印，另二手标识无存。毫无疑问，其为般若佛母(Prajñāpāramitā)，她被视作端坐于其顶部龛座天宫(vimāna)中的无量光佛的化现。

Sādhanamālā［成就法鬘］描述了般若佛母的诸多身形：二臂[1]，四臂[2]，此外还有六臂的。一般来说，佛母二主臂施转法轮印或说法印，显然，拉隆寺的身形就是*Sādhanamālā*［成就法鬘］所述的金色般若佛母(Kanakavarṇaprajñāpāramitā)：

121 因此，观想般若佛母具髻冠、四臂、一面；二手施转法(轮)印，诸宝严饰，金光耀眼；左手持置般若经函之青莲花，着诸种上衣，右手施无畏；金刚跏趺坐于红莲上之月(轮)座。

拉隆寺的身形与上述成就法完全吻合，只有一个细节除外：右手应施无畏印(abhayamudrā)，但此处尊像手指略弯，其原本可能持有标识，今已无存。

关于四佛，右边从上而下为宝生佛和不动佛，左边为无量光佛和释迦牟尼（图版69、70）。但最后一尊佛像似乎近世曾经重置，其原来的手印可能与今不同，因此，他表现的可能是施无畏印的不空成就佛。

天女为常见的明妃。

神殿近旁关闭的小殿中有四身背靠背的大像，施禅定印，宝座四角由四只狮子支撑。塑像工艺古拙，与塔波寺的相去甚远。尽管当地称其为“大迦叶(Mahākāśyapa, ’od srungs chen po)舍利塔”，但显然塑像与塔波寺大日如来像完全相同（图版71）。

---

〔1〕 *Sādhanamālā* I, pp. 310, 312 – 316, 319, 321, 324.

〔2〕 *Sādhanamālā* I, p. 317.

第六章

库那瓦上部的羌地佛寺 122

一、捺落迦部组

羌地(Chang)值得关注的考古资料比弗兰克(Francke)所了解的要多[1]。佛寺有两座而非一座。对第一座他仅提及而未能参访，该寺建于村落西北部的山嘴，是某座古堡唯一的留存。古堡今已荒芜杂乱，但昔日应规模宏大，阻断整个河谷。神殿(lha khang)带有一间小室。殿内有一身莲花生近代塑像，数件法器，以及 yum，即 *Śatasāhasrikāprajñāpāramitā*［般若波罗蜜多十万颂］抄本，没有壁画。尽管神殿建筑布局古老，但今殿内陈设无甚特别。

村中小寺的情况则完全不同，其仅从外表一看就足以使人肃然起敬。该寺斜倚一块巨岩，整体涂以红色。寺名已无人知晓，仅被简单地称之为神殿，但村中耆宿称其为天女殿(lha mo'i lha khang)，天女指的是吉祥天女(Śrīmatīdevī, dpal ldan lha mo)。殿内绘满壁 123
画，但大部因岁月的痕迹而变黑，很难判断所绘内容。

正壁中央为施触地印(bhūmisparśamudrā)的释迦牟尼常式大像，以及无量光佛，众多兽首神怪周匝围绕。不难发现这些鬼怪意欲表现的内容：我们面对的是一个特定的宗教部组，即捺落迦(na rag)部组，也就是地狱鬼怪(Nāraka)[2]。敬拜这些鬼怪是为了求取今生来世的安乐，这需根据该部组的大量论书所描述的仪轨进行，尤其是宁玛派(rnying ma pa)和竹巴噶举('brug pa bka' brgyud)的仪轨论书，

---

〔1〕 A. H. Francke, *Antiquities of Indian Tibet,* part I (*Personal Narrative*), p. 34.

〔2〕 译者注：此处依据原书翻译为地狱鬼怪，其实这些形象都是密教诸尊的忿怒化现，其主要的作用在于摄引亡者免堕地狱，因此其并非通常汉语语境中的“鬼怪”或“地狱鬼怪”。

后者是上部库那瓦地区势力甚强的噶举派(bka’ brgyud pa)的支系。

在我看来，我们目前对这一部组知之甚少，但该部组，连同其怪异、半兽的诸多形象对研究者而言相当重要，它在佛教的外衣下保存了潜藏在印藏民族潜意识中的信仰和神话。因此有必要借助今天可获取的文献在此鬼怪世界稍事停留。

关于敬拜、祈愿地狱鬼怪（Nāraka，或按其常见的读法：narag）的主要资料有：

1. ན་རག་དོང་སྤྲུགས་འགྱོད་ཚངས་གཤགས་པའི་རྒྱལ་པོ། *na rag dong sprugs ’gyod*
124 *tshangs gshags pa’i rgyal po*［拔除地狱・忏悔王］。该文献我有三份写本。一份是在里地(Li)发现的，我称之为 A，并以之为附录文献的基础；称之为 D 的写本更古老，而且总体而言在拼写上也更准确，有缺叶，是在那果(Nako)购买的；称之为 B 的写本只有几叶，发现于古格香地(shang)遗址的塔内，以金、银汁交替地写在靛青色的纸上，显然它基于一个更古老的文本，因为其中的一些词保留着古代拼法，如 med 写作 myed, ’byor 写作 ’byord 等等。
2. ན་ར་ག་དོང་སྤྲུགས། *na ra ga dong sprugs*［拔除地狱］。是前述文献的一章，发现于彰卡(Drangkhar)以南、斯比蒂河右岸的玛尼(Mani)。以 C 表示。
3. བཤགས་འབུམ། *bshags ’bum*［忏悔十万颂］。是一部主要用于驱鬼和超度的仪轨论书，它完全包括了前述文献，可以视作前者的广本。我有一个发现于萨让(za hreng)的古本，但其基于一个更古的文本，内中充满了拼写错误。

然而，该部组的文献并不仅限于上述所提，有关拔除地狱(nāraka dong sprugs)的各种其他论书保存在噶玛巴(karma pa)重校、楚布寺(mtshur phu)编纂的宁玛派(rnying ma pa)的 *rin chen gter mdzod*［大宝伏藏］中。该集成常常含有上述写本的平行文本，并且因其经过仔细校订，可用于修正错误百出的写本中的读法。

rin chen gter mdzod［大宝伏藏］中可以引述的有：

1. ཞི་ཁྲོ་ན་ར་ཀ་དོང་སྤྲུགས་ཀྱི་སྐོང་བཤགས་ཐུགས་རྗེའི་ཟླ་འོད། *zhi khro na ra ka dong sprugs gi skong bshags thugs rje’i zla ’od*［静怒拔除地狱之忏悔・

悲月光］（*rin chen gter mdzod*［大宝伏藏］，ང函）＝E。

2. རྡོ་རྗེ་སེམས་དཔའ་ཐུགས་ཀྱི་སྒྲུབ་པ་ལས་གསུངས་པའི་ཞི་ཁྲོ་ན་ར་ཀ་དོང་སྤྲུགས་གི་སྒྲུབ་ཐབས། 125
rdo rje sems dpa' thugs kyi sgrub pa las gsungs pa'i zhi khro na ra ka dong sprugs gi sgrub thabs［金刚萨埵心意成就中宣说之静怒拔除地狱之成就法］（同上）＝F。

3. ཞི་ཁྲོ་ན་ར་ཀ་དོང་སྤྲུག[1]་གི་དབང་ཆོག་བདུད་རྩིའི་གང་གཱ། *zhi khro na ra ka dong sprug gi dbang cho ga bdud rtsi'i gang gā*［静怒拔除地狱之灌顶仪轨・甘露恒河］（同上）＝G。

4. བཀའ་འདུས་སྙིང་པོ་ཡིད་བཞིན་ནོར་བུ་ལས་ཕྱི་སྐོར་རྫོགས་པ་ཆེན་པོ་ཞི་ཁྲོའི་ལས་བྱང་གི་ཁ་སྐོང་རུ་ཟུང་བཞིའི་བཤགས་པ་རྣམ་འབྱོར་གྱི་སྤྱི་ཁྲུས[2]་ན་ར་ཀ་དོང་སྤྲུགས། *bka' 'dus snying po yid bzhin nor bu las phyi skor rdzogs pa chen po zhi khro'i las byang gi kha skong ru zung bzhi'i bshags pa rnam 'byor gyi spyi khrungs na ra ka dong sprugs*［佛语总集精粹如意宝所出外部大圆满静怒羯磨仪轨之补遗・四双忏悔瑜伽之总涤・拔除地狱］（同上，ཀ函）＝H。

5. ཞི་ཁྲོ་བསྐྱེད་རྫོགས་ཀྱི་ཕྲིན་ལས་ཁྲིགས་སུ་བསྡེབས་པ་འོད་གསལ་སྙིང་པོ། *zhi khro bskyed rdzogs kyi phrin las khrigs su bsdebs pa 'od gsal snying po*［静怒生圆羯磨编排・光明精粹］（同上，ཀ函）＝K。

依据这些资料，地狱部组(Nāraka，或通常的 narag) 的鬼怪有四十八位：

（一）八忿怒母(khro mo chen mo)

1. 顶礼蓝色忿怒母，执持尸杖科日玛(gauri ma)[3]！
2. 顶礼金色忿怒母，执持弓箭作日玛(cauri ma)[4]！
3. 顶礼红色忿怒母，持摩羯（幢）哲莫哈(Pramohā)[5]！

---

[1] 译者注：原书写作 སྤྲུགས。

[2] 译者注：原书写作 ཁྲུངས。

[3] 藏文名字是 mdzod ldan, bam 相当于尸体，这一点可以从平行文本的 zhing gi dbyug to 中得到证实。

[4] 但据写本 F，执持尸杖和颅器：zhing dbyug bhāṇḍa 'dzin。忿怒母的藏文名字是 chom rkun。

[5] 藏文：rab rmongs。

126 4. 顶礼深蓝忿怒母，执持金刚贝达利(Vaitāli)[1]！

5. 顶礼金黄忿怒母，执持尸肠布噶色(Pukkasī)[2]！

6. 顶礼绿色忿怒母，饮颅血者葛玛日(Ghasmarī)[3]！

7. 顶礼黑色忿怒母，食尸心者玛夏尼(Śmaśānī)[4]！

8. 顶礼淡黄忿怒母，分离头体赞扎利(Caṇḍālī)[5]！

（二）八魔女(phra men ma)[6]

9. 顶礼黄色狮首母(Siṃha[mukhī])，口含尸体交两手[7]！

10. 顶礼红色虎首母(Vyāghra[mukhī])，耽耽逐逐交两手[8]！

127 11. 顶礼黑色狐首母(Śṛgāla[mukhī])，牝狐舔食死尸体！

12. 顶礼蓝色狼首母(Śva[mukhī])，牝狼正做撕扯状！

13. 顶礼红色鹫首母(Gṛdhra[mukhī])，牵引（尸）肠之母鹫！

14. 顶礼红色雕首母(Kaṅka[mukhī])，头长肩膀扛尸身[9]！

15. 顶礼黑色鸦首母(Kāka[mukhī])，口叼尸头[10]（手执）剑！

16. 顶礼蓝色枭首母(Ulūka[mukhī])，鸱枭执持一铁钩[11]！

（三）四门守护者

17. 顶礼护门马首母，执持铁钩身蓝色[12]！

---

[1] 藏文：ro langs，据写本 F，持金刚杵和人尸(zhing chung)。

[2] 从 *bar do thos grol*［中阴闻度］的上下文和相关章节来看，byis 这个词用在这无疑表示人尸。在写本 F 中，忿怒母的名字为匿女(sbos mo)。

[3] 写本 F：dred mo。

[4] 写本 F：dur khrod ma。

[5] 写本 F：gtum mo。

[6] 据 *Paramāditantra*［最上本初怛特罗］，八魔女(phra men ma)属于世尊大暴恶(Mahācaṇḍa，bcom ldan 'das drag po chen po)曼荼罗。见庆喜藏(Ānandagarbha)的注释，*bstan 'gyur*［丹珠尔］，释怛特罗部(rgyud 'grel)，ri 函，第 156 叶。

[7] 写本 F：ro za lag gnyis bsnol；写本 K：phyag gnyis bsnol zhing mi ro za。

[8] 写本 K：phyag gnyis bsnol zhing 'bur tshugs blta；写本 F：stag gdong dmar mo lag gnyis mthur du bsnol（虎首，红色，双手交叉在下面）。

[9] zhing，写本 K 为：zhing chen。

[10] ban 代表 bhaṇḍa?

[11] 写本 F：mthing nag rdo rje dbyug pa phyar（深蓝色，挥舞金刚杵和杖）。

[12] 身色常依诸种资料而有所不同。

18. 顶礼护门亥首母,执持羂索身黑色!
19. 顶礼护门狮首母,执持铁链身红色!
20. 顶礼护门狼首母,执持铃铛身绿色!

(四)二十八瑜伽女(yoginī)[1] *128*

21. 顶礼金黄牦首母,持三叉戟瑜伽女!
22. 顶礼淡红蛇首母,执持五股金刚杵!
23. 顶礼黄黑豹首母,持杀威棒瑜伽女!
24. 顶礼白红鼬首母,持血颅器瑜伽女!
25. 顶礼黄色蝠首母,执持(法)轮瑜伽女!
26. 顶礼浅红马熊首,执持尸杖瑜伽女!
27. 顶礼红色熊首母,执持肠索瑜伽女!
28. 顶礼蓝摩竭首母,执持(宝)瓶瑜伽女!
29. 顶礼浅蓝蝎首母,执持颅器瑜伽女[2]!
30. 顶礼黑色隼首母,执持鲜颅瑜伽女!
31. 顶礼暗红狐首母,执持肠索瑜伽女!
32. 顶礼黑色虎首母,执持尸体瑜伽女[3]! *129*
33. 顶礼红色鹫首母,执持尸躯瑜伽女!
34. 顶礼暗红马首母,持金刚杖瑜伽女!
35. 顶礼红白鹏首母,执持颅器瑜伽女[4]!
36. 顶礼金黄犬首母,执持尸体瑜伽女[5]!
37. 顶礼红白戴胜首,执持莲花瑜伽女!
38. 顶礼淡红鹿首母,执持旌幡瑜伽女[6]!
39. 顶礼墨绿狼首母,执持小鼓瑜伽女!
40. 顶礼金黄獂首母,执持灯火瑜伽女[7]!

---

[1] 写本 F 中的前八位瑜伽女图像与下文引用的 *bar do thos grol*[中阴闻度]一样。

[2] 但在写本 F 中: bam ril,意思是尸体。

[3] bam chen。但在写本 F 中: baṃ snying 'byin(扯出尸心)。

[4] 据写本 F,第 33 号持轮,第 34 号和 35 号持金刚杵。

[5] byis bam,我们使用的文献中有许多表达方式: bam chen, zhing chen, zhing chung, bam ril, zhing, byis, bam ro, ro langs。

[6] 写本 F 中不是 ba dan,而是 bam ro,尸体。

[7] 写本 F 中是 gsal shing,弗戈。

41. 顶礼黄绿亥首母，执持长牙瑜伽女！
42. 顶礼蓝绿鸦首母，持血颅器瑜伽女！
43. 顶礼红绿牛首母，执持尸体瑜伽女！
130 44. 顶礼墨绿蛇首母，饮食甘露瑜伽女[1]！
45. 顶礼黑杜鹃首母，执持铁钩瑜伽女！
46. 顶礼蓝山羊首母，执持羂索瑜伽女！
47. 顶礼红色狮首母，执持铁链瑜伽女！
48. 顶礼墨绿鹊首母，执持铃铛瑜伽女！

这实际上是与超度仪式有关的祷文，目的是安抚在临终者死亡刹那可能摄取亡者心识，并将其牵引至地狱的忿怒鬼怪。因此可以逻辑地认定该部组最初与避免逝者在死亡之际转生于地狱的超度仪式有关。该部组再次出现在བར་དོ་ཐོས་གྲོལ། *bar do thos grol*［中阴闻度］文献中，更准确地说，出现于ཆོས་ཉིད་བར་དོའི་གསོལ་འདེབས་ཐོས་གྲོལ་ཆེན་མོ། *chos nyid bar do'i gsol 'debs thos grol chen mo*［法性中阴祈请大闻度］中，这是藏地非常有名的莲花生伏藏(gter ma)中的一章，在藏人救度信仰中的地位无与伦比。我指的是ཟབ་ཆོས་ཞི་ཁྲོ་དགོངས་རང་གྲོལ། *zab chos zhi khro dgongs rang grol*［甚深法静怒密意自度］，其在雪域版本众多，一些篇幅巨大，如我在亥密斯寺(Hemis)所见到的。

131 在我寻获的一个相当古老的木刻本中有我们关注的神怪名录[2]，且很详尽。因此，从图像学角度而言，它比上述祷文更重

---

[1] 写本 F：持 sbrul zhags，蛇索。

[2] kha 函，第 39 叶背面。其中一个版本有英文译本，参见 K. Dawa-Samdup (translated by) and W. Y. Evans-Wentz (edited by), *The Tibetan Book of the Dead or the After-Death Experiences on the* Bardo *Plane*, London, Oxford University Press, 1927。此处我再次予以翻译，以便对两个版本进行比较。另一略本参见ཟབ་ཆོས་ཞི་ཁྲོ་དགོངས་པ་རང་གྲོལ་གྱི་ལས་བྱང་ཆུབ་འཚོར་བ་རང་གྲོལ་གྱི་སྙིང་པོ། *zab chos zhi khro dgongs pa rang grol gyi las byang chub 'tshor ba rang grol gyi snying po*［甚深法静怒密意自度羯磨·觉受菩提自度精髓］，*rin chen gter mdzod*［大宝伏藏］，ཀ函。

译者注：英译本的汉译参见徐进夫译，《西藏度亡经》，北京：宗教文化出版社，1995 年。

要，虽然很遗憾，它没有提到刊刻的时间、地点。

在头脑（指亡者[1]的头脑）周围出现[2]：

内环

1. 东面科日玛(keurima)，白色，右手持尸杖，左手持盛满鲜血之颅器。不要怕她。
2. 南面出现作日玛(curima)，黄色，执持弓箭。
3. 西面是哲莫哈(pramohā)，红色，执持摩竭幢。
4. 北面是贝达利(vetālī)，黑色，持金刚杵和盛满鲜血之颅器。
5. 东南面是布噶色(puskasī)，红黄色，右手持肠肚，左手将肠送入口中。
6. 西南面是葛玛日(ghasmarī)，深绿色，左手持盛满鲜血之颅器，右手挥舞着抓在手中的金刚杵，贪婪地饮颅血。 132
7. 西北面是赞扎利(caṇḍālī)，淡黄色，右手（从人尸）割下人头，拿着人心，左手将人尸送入口中大吃。
8. 东北面是玛夏尼(smasali)，黑红色，吃从人尸扯下的人头。

外环

9. 东面是狮首母(simhamukhī)[3]，狮头，深棕色，双手交叉于胸前，口中衔人尸，鬃毛抖动。
10. 南面是虎首母(vyakrimukhī)，虎头，两手在下面交叉，怒目而视，咬牙切齿。
11. 西面狐首母(śrilamukhī)，狐头，黑色，右手持利刀，左手抓舔滴血的内脏。
12. 北面是狼首母(sonamukhī)，深蓝色，牝狼头，两手撕扯人尸，怒目而视。

---

〔1〕 译者注：原书写作临终者。

〔2〕 我保留藏文文献中名字的拼法，正确的读法见上文已经提及的名录。
译者注：以下是亡者死后第十三日中阴身所见景象，八忿怒母和八魔女分内外两圈出现，分处八方隅。此处为方便读者，增加了“内环、外环”的说明性文字。

〔3〕 藏文出现的是阳性词 mukha 的转写，没有翻译。

13. 东南面是鹫首母(kritamukhī)，淡黄色，秃鹫头，肩披人尸皮，手持骨架。
14. 西南面是雕首母(kankamukhī)，深红色，雕头，肩披人尸皮。
15. 西北面是鸦首母(kākamukhī)，黑色，乌鸦头，左手持颅骨，右手持剑。吃尸心。
16. 东北是枭首母(hulumukhī)，蓝色，枭头，右手持金刚杵，左手持剑，正在大吃。

四门守护者[1]

133 17. 东面是持钩的马首母[2]，右手持钩，左手持盛满鲜血之颅器。
18. 南面是持索母，亥首，黄色。
19. 西面是持链母，狮首，红色。
20. 北面是持铃母，蛇首，绿色。

最外环之二十四瑜伽女

东面

21. 罗刹女(Rākṣasī, srin mo)，牦首，深棕色，手持金刚杵和颅骨。
22. 梵天女(Brahmāṇī, tshangs pa)，蛇首，红黄色，手持莲花(和颅骨)[3]。
23. 大天女(Mahādevī, lha chen)[4]，豹首，深绿色，手持三叉戟(和颅骨)[5]。
24. 遍入天女(Vaiṣṇavī, gtogs 或 gtogs 'dod 或 khyab 'jug)，鼬首，蓝色，手持法轮。
25. 童女(Kaumarī, gzhon nu)，马熊首，红色，手持短矛。
26. 帝释天女(Indrāṇī, brgya byin)，熊首，红色，手持肠索。

---

[1] 译者注：以下是亡者死后第十四日中阴身所见景象，包括四门守护者、最外环之二十八瑜伽女（分处四方，每方六尊，加上最外之守护者）。此处为方便读者，增加了“四门守护者、最外环之二十四瑜伽女、最外之守护四门瑜伽女”的说明性文字。

[2] 文献中是虎首，rta gdong（马首）和 stag gdong（虎首）这两个词很容易混淆。

[3] 写本 K。

[4] 或者是暴怒女('khrugs mo)，对应于真言中的 Raudrī。

[5] 写本 K。

南面

27. 金刚女(Vajrī, rdo rje)，蝠首(pha wang)，黄色，手持钺刀。 134

28. 湿婆女(Śivā, zhi ba)，摩竭鱼首，红色，手持花瓶。

29. 甘露女(Amṛtā, bdud rtsi)，蝎首，红色，手持莲花。

30. 苏摩女(Saumyā, zla ba)，隼首，红色，手持金刚杵。

31. 檀荼女(Daṇḍā, be con)，狐首，深绿色，手持棍棒。

32. 罗刹女(Rākṣasī, srin mo)，虎首，深黄色，手持盛满鲜血之颅器[1]。

西面

33. 食女(za ba)，深绿色，鹫首，持棍杖。

34. 喜女(dga' ba)，红色，马首，持尸杖。

35. 大力女(stobs chen)，白色，鹏首，持棍杖。

36. 罗刹女(srin)，黄色，犬首，持金刚杵和钺刀砍切。

37. 欲女('dod pa)，红色，戴胜鸟首，张弓搭箭。

38. 护财女(nor srung)，绿色，鹿首，手持花瓶[2]。 135

北面

39. 风天女(rlung lha)，蓝色，牝狼首，手中挥舞旗帜。

40. 女人(mi mo)，白色，羱首，持长矛。

41. 亥母(phag mo)，黑色，亥首，持长牙索。

42. 金刚女(Vajrī)，黄色，杜鹃首，持人尸。

43. 大象女(glang chen)[3]，深绿色，象首，手持尸体，饮颅血。

44. 水天女(Vāruṇī)，蓝色，蛇首，手持蛇索[4]。

最外之守护四门瑜伽女

45. 东面金刚女(Vajrī)，白色，杜鹃首，持钩。

46. 南面金刚女(Vajrī)，黄色，山羊首，持索。

---

[1] 据写本 K 中的真言，原名可能是：vajrī, śivā, amṛtā, saumyā, daṇḍā, rākṣasī；据同一文献，她们的左手都持有颅器。

[2] 据写本 K 中的名字是：Bhakṣasī, Rati, Ekacarī, Manoharā, Siddhi。

[3] 但写本 K：大鼻(sna chen)。

[4] 据写本 K 中的名字是：Vayavi, Mahamari, Varahi, Camundi (rgan byed), Varuni, Sutanvi (sna chen)。

47. 西面金刚女(Vajrī)，红色，狮首母，持链。
48. 北面金刚女(Vajrī)，绿色，蛇首母，持铃。

二、唐卡中的捺落迦部组

十分遗憾，羌地(Chang)小寺的壁画如我所述已经霉黑、销蚀和破损，甚至连照相也不可能，但我在考察中有幸发现两幅恰好与地
136 狱部组(Nāraka)有关的唐卡。其中一幅破损尤甚，来自上库那瓦的普地(Poo)；另一幅来自西藏西部，印藏商道北部的小村子苏穆尔(Sumur)。两地都是竹巴噶举('brug pa bka' brgyud)的势力范围，如前所述，地狱部组(Nāraka)似乎特别盛行于该支系。刊布第二幅唐卡对了解藏族艺术中相当少见，但因与超度信仰关系密切而在民众中家喻户晓的地狱部组不无裨益(扉页图版)。

正如唐卡中所见，地狱部组(Nāraka)的四十八天女并非单独出现，而是处于次要位置，以忿怒眷属身份围绕怒相主尊和其位于各方的六身怖畏化现。各形象间的八塔和八树不是随意的修饰，而具有象征意义，它们表现的是著名的八大尸林，即地狱鬼怪的王国，是瑜伽士为获成就而长期禅修之处。关于这些尸林及其象征、图像，我将在研究西藏西部寺院的丛书第二册详细阐释，此不赘述[1]。我们要
137 做的只是比定唐卡中略显生硬的诸双身(yab yum)天众，尽管此唐卡图像学价值甚高，但不能算是藏地绘画中最好和最精美的例证[2]。

这些天众是嘿噜嘎(Heruka)的众多化现，他们作为地狱曼荼罗的主要天众在有关该部组的文献中有大量描写。

主尊是最胜嘿噜嘎(Mahāśrīheruka, che mchog heruka)[3]，其应

---

〔1〕 译者注：《梵天佛地》第三卷，第二册，第 20 页以后。

〔2〕 为比定图像，除了已引用过的论书外，ཞི་ཁྲོ་དགོངས་པ་རང་གྲོལ་གྱི་ཆོ་ག་སྡིག་སྒྲིབ་རྣམ་པར་སྦྱོང་བ། *zhi khro dgongs pa rang grol gyi cho ga sdig sgrib rnam par sbyong ba*［静怒密意自度仪轨・净治罪障］也很有用。其收于 *rin chen gter mdzod*［大宝伏藏］，ཀ函。

〔3〕 主尊名号保存在ཞི་ཁྲོ་ན་ར་ཀ་དོང་སྤྲུག་གི་དབང་ཆོ་ག་བདུད་རྩིའི་གང་གཱ། *zhi khro na ra ka dong sprug gi dbang cho ga bdud rtsi'i gang gā*［静怒拔除地狱之灌顶仪轨・甘露恒河］中该主尊的真言中，第 9－10 叶。

为三面、六臂、四足，拥抱明妃忿怒自在母(Krodheśvarī)。三面中的主面紫黑，右面白，左面红。手中标识为：右手金刚杵、天杖(khaṭvāṅga)、䥫鼓；左手铃、盛满鲜血之颅器(kapāla)、肠索。

上部，主尊之上为佛嘿噜嘎(Buddhaheruka)，三面、六臂、四足，拥抱明妃佛忿怒自在母(Buddhakrodheśvarī)。三面中的主面紫黑、右面白、左面红。标识：右手轮、钺斧[1]、剑，左手铃[2]、犁(thong gshol)、钺斧。

下部，主尊右侧为金刚嘿噜嘎(Vajraheruka)，拥抱明妃金刚忿怒自在母(Vajrakrodheśvarī)，三面、六臂、四足。主面深蓝、另两面一白一红。标识：右手金刚杵、盛满鲜血之颅器[3]、钺斧；左手铃、盛满 138
鲜血之颅器、犁。

下部左侧为宝嘿噜嘎(Ratnaheruka)，拥抱明妃宝忿怒自在母(Ratnakrodheśvarī)，三面、六臂、四足。主面棕黑[4]、另两面一白一红。标识：右手宝珠、天杖、棍杖[5]，左手铃、盛满鲜血之颅器、三叉戟。

上部右侧为莲花嘿噜嘎(Padmaheruka)，拥抱明妃莲花忿怒自在母(Padmakrodheśvarī)，三面、六臂、四足。面色：主面红、另两面一白一蓝。标识：右手莲花、天杖、梃杖(dbyug to)，左手铃、盛满鲜血之颅器、䥫鼓。

上部左侧为羯磨嘿噜嘎(Karmaheruka)，拥抱明妃羯磨忿怒自在母(Karmakrodheśvarī)，三面、六臂、四足。主面绿、另两面一白一红。标识：右手交杵金刚(rgya gram)、剑、天杖；左手铃、盛满鲜血之颅器、犁。

主尊下部的双身像为普贤(Samantabhadra)，唐卡中的整个部组均为其化现。

---

[1] 译者注：原书缺，据[静怒密意自度仪轨·净治罪障]补充。
[2] 译者注：原书缺，据[静怒密意自度仪轨·净治罪障]补充。
[3] 译者注：原书缺，据[静怒密意自度仪轨·净治罪障]补充。
[4] 译者注：原书写作黄色，据[静怒密意自度仪轨·净治罪障]：ser nag。
[5] 但在图中是：剑、天杖和棍杖。

三、寺中小幅壁画

除了地狱部组(Nāraka)，羌地(Chang)小寺壁画没有任何值得关注之处，例外的是门左边可能与建寺有关的两小幅壁画。第一幅表
139 现的是一位坐于宝座上的人物，其比例比其他像大得多。在他的前面左右是两个供养人，所供之物辨认不清，他的背景为一排小的坐像。头巾和穿着表明壁画表现的是某位施主(dānapati)，或者，此处可能表现的是建寺的王子。壁画场景依据的是古格画派在唐卡(thang ka)边角绘制施主身像的惯例。座中人物前面有一排瓶子，看起来有七个，可以将其视为简单的供物，象征对施主慷慨的铭记，确实，在佛寺的落成开光庆典上无不对僧团施以盛大供养。但瓶的形状和数量看来有另一种解释：瓶为灌顶(abhiṣeka)仪式中所用的净瓶(kalaśa, bum pa)，并且在密教仪轨中第一灌顶就是七种（图版72）[1]。

这种解释在第二幅壁画中得到了确证，那里同样画有一排瓶子，但是瓶的数量为五个而非七个[2]，瓶后表现的是一个头顶浓密
140 发髻的瑜伽士，如至今常见的印度善士(sādhu)和藏地大禅师(sgom chen)。瑜伽士右手施无畏印(abhayamudrā)，左手施禅定印(dhyānamudrā)，戴大耳铛（图版73）。耳铛表明其是属于鱼主怙(Matsyendranātha)和牛护(Gorakṣa)传规的成就者(grub thob)，该传规至今在印度北部还有许多传人，他们被称为穿耳者(Kāṇphāṭ)，具有湿婆派独有的特征，并且与佛教已失去了任何联系，虽然他们与后者有不可否定的渊源。

我无法比定羌地壁画所表现的成就师，但该形象使人想起郭仓巴(rgod tshang pa)，他是竹巴噶举('brug pa bka' brgyud)最著名的喇嘛之一，其记忆在西藏西部的传说故事中依然鲜活[3]。

---

〔1〕 初级灌顶有七种，其描述见 *Sekoddeśaṭīkā*［灌顶略说注］。

〔2〕 *Durgatipariśodhana*［恶趣清净］（第65叶）中提到了五瓶灌顶：金刚瓶(vajrakalaśa)、佛瓶(buddhakalaśa)、宝瓶(ratnakalaśa)、莲花瓶(padmakalaśa)、羯磨瓶(karmakalaśa)。

〔3〕 见我收集的木刻版画122。

第七章

那　果 141

一、仁钦桑波所建寺院

那果(Nako)的寺院也曾被弗兰克(Francke)参访过,在他的书中对此有简短描述,我常常提及该书[1]。但即使如此,继续研究也不无裨益,这可以补充或修正德国考古学家收集的信息。该区主要的佛寺有两座:一座供奉的是莲花生,另一座由围墙环绕的若干神殿组成(图版74),犹如塔波寺。后一座佛寺位于离村落不远的一处小台地上,传统认为其由仁钦桑波所建,确实,其建筑风格与大译师所建佛寺相当接近(插图8)。

那果寺在仁钦桑波传中未曾提及,这无足轻重,因为不能排除那果的古名与今名不同。但另一方面我们也缺乏确凿证据来证明佛寺属于仁钦桑波时代,只能泛言其属于古格王国初期。那果寺的各殿也如塔波寺一样历经重修,这可以从殿内塑像、壁画的精致程度和艺术水平参差不齐看出来。例如,只要将那果祖拉康(gtsug lag khang)塑像与塔波寺的相比较就可以发现前者技法极其低劣。塔波寺塑像严格脱胎于印藏图像审美模式,而那果祖拉康塑像相当粗率,与当今本土塑师所造的红色塑像实难区分。与之形成鲜明对照的仅有译师殿中年代无疑更为久远的塑像,尤其是五佛左侧一尊精美的天女像。因此,我认为那果寺即使不完全属于仁钦桑波时代,无疑也相当古老。当然,也不能排除那果寺如西藏西部的其他寺院一样,历经屡次修缮,由于缺乏寺志或题记,其年代无法准确判定。

142（页边码,位于"各殿也如塔波寺一样历经重修"一行旁）

---

[1] A. H. Francke, *Antiquities of Indian Tibet*, part I (*Personal Narrative*), pp. 3, 32–34.

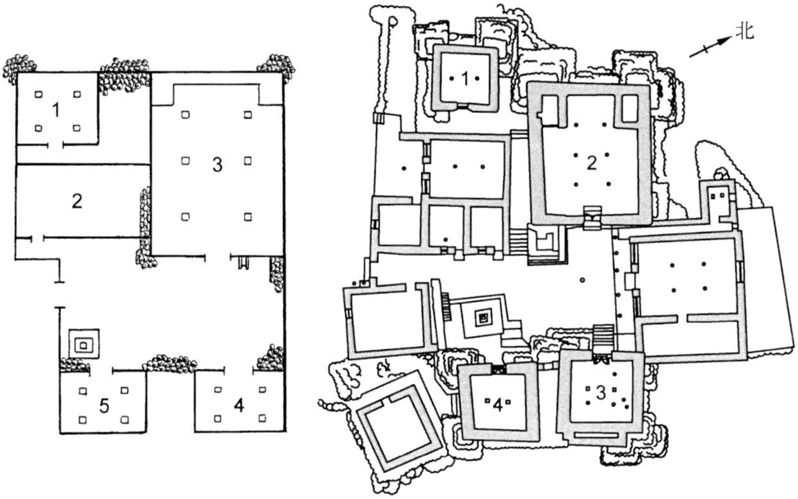

a〔1〕　　b

［据 2002 年 Nako Preservation Project 绘制］

1. 布琼神殿　　4. 祖拉康
2. 带廊台的入口处　　5. 甲巴贝拉康
3. 译师神殿

1. 布琼神殿　　3. 上殿
2. 祖拉康（译师神殿）　　4. 甲巴贝拉康

插图 8

全寺由围墙(lcags ri)环绕,内有四间神殿,其布局参见书中盖尔西(Ghersi)上尉绘制的平面图。

1 号殿无甚特别,其经近世重建,且内部壁画的艺术和图像价值也乏善可陈:正壁为释迦牟尼,左壁为无量光佛,右壁为十一面观音。殿前有一廊台。此殿今以布琼(Purgyul)神山为名〔2〕,看来其
144 原名业已佚失。布琼神山以其皑皑雪峰矗立于库那瓦(Kunavar)上部,护佑着整个地区。但弗兰克(Francke)造访之际,该殿被百姓称为噶琼拉康(dkar byung lha khang)。

更值得关注的是 2 号殿,该殿亦无名字,弗兰克(Francke)被告知其称为大神殿(lha khang chen mo),告诉我的却是译师神殿(lo tsā

〔1〕 译者注:原书示意图(a)编号与图齐的描述不尽一致。为方便读者,此处提供了国外新近研究的示意图(b),书中相关描述请参考该图。

〔2〕 关于布琼神山的名字,见G. Tucci ed E. Ghersi, *Cronaca della missione scientifica Tucci*, p. 144。

ba'i lha khang),两个名字均为泛称,并不准确。神殿曾遭破坏,供案上排列有度母(Tārā)、莲花生、释迦牟尼的几尊身像,都相当新,也无甚艺术价值;造像多为泥塑,手法粗率,无疑为本土所造。壁画因屋顶渗水而几近剥落损毁。殿中最重要的留存是靠墙的塑像,三尊位于正壁,两尊位于侧壁。如弗兰克正确所言,它们是按通常顺序配列的五佛:中央为大日如来,白色,施转法轮印(dharmacakramudrā);其右为宝生佛,黄色,施与愿印(varadamudrā);其左为无量光佛,红色,施禅定印(dhyānamudrā);宝生佛之右为不空成就佛,绿色,施无畏印(abhayamudrā);无量光佛之左为不动佛,蓝色,施触地印(bhūmisparśamudrā)(图版75、76)。五佛均端坐莲座,身着天衣,但缺乏传统骑乘和标识。对此不必惊奇,如我们所见,称为五部(pañcakula, rigs 145
lnga)的五佛的图像学表现一般忽略它们。手印完全可以比定五佛,此处还可加上身色。

二、五佛密意

五佛的不同身色并不具有装饰价值,而另有更深的所指,此种所指与五佛本性一致。如上所述,五佛是世界从不可言诠之"彼"——显密经论中时称为法身(dharmakāya)、时称为俱生身(sahajakāya)——生起的特定阶段的象征。一旦从诸法无分别中出生戏论(prapañca),此种生起就以平行方式进行,大乘佛学遵循印度、更广泛地说是整个东方源远流长的五分法,将其分为五类。

此种分类的起源或许应在五大理论中找寻,器世间(bhājanaloka)和情世间(sattvaloka)的诸法均可归于五大,五种放射中心实际上称为五部(pañcakula),变易万法从中产生。

在这些学派中,五佛象征世界的五分,诸法均被视作与其同体, 146
"由自性故,一切有即一切佛"(svabhāvād eva sarvabhāvāḥ sarvabuddhamayāḥ)[1]。

密教将此种生起想象为光明:法界是清净本识,心自性清净

〔1〕 *Sekoddeśaṭīkā*[灌顶略说注],第38叶。

(prakṛtiprabhāsvaram cittam)〔1〕;自性清净心娆动(kṣobha, spanda)之际,即在生起刹那,清净光明就变易为密教以五佛表征的五色。据不同传规,五佛主尊或是大日如来,或是不动佛(Akṣobhya)。由此,就有了世界生起最初的五光(*Guhyasamāja*［密集］中的 pañcaraśmi)〔2〕。五光逐渐出现、定型、遍满于器世间,变得越来越晦暗,最终成为自身的对立面,即山河大地。曼荼罗的配置就是对这一过程的演示,其以图解的方式描绘了从某一中心点的生起,根据所强调大种的不同,即已被染污变色、以此而非彼的方式化现自身的本识的不同,这
147 一中心可以是五佛中的任何一个。

根本解说有三:水晶、太阳和身像。水晶为金刚萨埵之镜,以金刚萨埵之镜〔3〕,作为自眼观察之处,无散乱而视,佛身五色光蕴散射莹澈、光明晖耀〔4〕。觉受自性之灿烂明亮,光色明亮现前荡漾〔5〕,此为清净智慧之显相。

148 如是自心具五种光,了知自心之自光而恒视自光,此为现见净相之观察。〔6〕

这意味着实相就是藏地成就者所称的光明('od gsal),在观

〔1〕 Svaccham hi sarvasattvānām cittaṃśāntaṃ prabhāsvaram,一切有情心光明,寂静(而且)光明耀。*Jñānasiddhi*［智成就］。B. Bhattacharyya (edited by), *Two Vajrayāna Works,* p. 82.

〔2〕 五光和五佛的对应关系,我已有讨论。G. Tucci, "Some Glosses upon the Guhyasamaja", *Mélanges chinois et bouddhiques*, 3, 1934–1935, pp. 339–353.

〔3〕 观想过程中自心觉受之光,其内有世界生起之映射,因此被称为镜。

〔4〕 即法身(dharmakāya),五光代表其五方面。

〔5〕 因为此光无有显相。

〔6〕 即大智住于内心(snying na ye shes chen po gnas),其以金刚萨埵的形象来象征性地表达。此处述及的就是对金刚萨埵的观想。见ཆོས་ཉིད་བར་དོའི་ཁྲིད་ཡིག་མཐོང་བ་རང་གྲོལ་གྱི་ངོ་སྤྲོད། *chos nyid bar do'i khrid yig mthong ba rang grol gyi ngo sprod*［法性中阴讲义·闻即自度之解说］(*rin chen gter mdzod*［大宝伏藏］,ཀ函,第13叶):从清净光明生出象征五佛之五光。此一段落摘自与 *bar do thos grol*［中阴闻度］有关的伏藏(gter ma),

想过程中,此光明[1]发出自心刹那现前觉受的五光,等同于实相的清净光明通过五佛象征的五种化现而出生一切有为法。如此,修法者在观修中回溯此过程,攀缘光明在色法上的晦暗显现,使明相越来越清晰,而一旦回复到清净光明的状态,解脱也就达成。

正如密集后分(Samājottara)[2]以及那若巴的 *Sekoddeśaṭīkā*［灌顶略说注］所述,明相的显现是观修过程的核心。两部经论都将整个观修过程分为六支(aṅga)。第一是制感(pratyāhāra),就是减弱诸

即དམ་ཆོས་རྫོགས་པ་ཆེན་པོའི་སྐུ་གསུམ་ངོ་སྤྲོད། *dam chos rdzogs pa chen po'i sku gsum ngo sprod*［正法大圆满三身解说］:

རྩ་བའི་ངོ་སྤྲོད་གསུམ་ནི༔ ཤེལ་དང་ཉི་མ་འདྲ་འབག་གསུམ་མོ༔ ཤེལ་ནི་རྡོ་རྗེ་སེམས་དཔའི་མེ་ལོང་ཡིན་ཏེ༔ རྡོ་རྗེ་སེམས་དཔའི་མེ་ལོང་ལ༔ རང་གི་མིག་བཅུག་གནས་མ་གཡེངས་བར་བལྟས་པས༔ སངས་རྒྱས་ཀྱི་སྐུ་འོད་ཀྱི་ཕུང་པོ་ཁ་དོག་ལྔ་འཕྲོ་ལ་དངས་པ༔ གསལ་ལ་འཚེར་བ༔ རང་བཞིན་གྱི་བཀྲག་གསལ་ལ་ཉམས་ང་བ༔ འོད་ཁ་དོག་གསལ་མངོན་སུམ་དུ་མེར་གྱིས་འཆར་བ་དེ༔ དག་པ་ཡེ་ཤེས་ཀྱི་སྣང་བ་ཡིན་ནོ༔ དེ་བཞིན་དུ་རང་གི་རིག་པ་ལ་འོད་ཁ་དོག་ལྔ་ལྡན་ཡོད་དོ༔ རང་གི་རིག་པའི་རང་འོད་ཤེས་པར་བྱས་ལ༔ རང་འོད་ལ་རྟག་ཏུ་བལྟའོ༔ དེ་ནི་དག་སྣང་ལ་བལྟ་བའི་ལྟ་བ་ཡིན་ནོ༔

rtsa ba'i ngo sprod gsum ni / shel dang nyi ma 'dra 'bag gsum mo / shel ni rdo rje sems dpa'i me long yin te / rdo rje sems dpa'i me long la / rang gi mig bcug gnas ma g.yengs bar bltas pas / sangs rgyas kyi sku 'od kyi phung po kha dog lnga 'phro la dangs pa / gsal la 'tsher ba / rang bzhin gyi bkrag gsal la nyams nga ba / 'od kha dog gsal mngon sum du mer gyis 'char ba de / dag pa ye shes kyi snang ba yin no / de bzhin du rang gi rig pa la 'od kha dog lnga ldan yod do / rang gi rig pa'i rang 'od shes par byas la / rang 'od la rtag tu blta'o / de ni dag snang la blta ba'i lta ba yin no /。

〔1〕 内金刚萨埵(Vajrasattva)。

〔2〕 B. Bhattacharyya (edited by), *Guhyasamāja Tantra or Tathāgataguhyaka,* Baroda, Oriental Institute, 1931, pp. 149 – 172, ch. 18.

149 根的活动，达到无任何外境之取相的状态[1]；第二是禅定(dhyāna)，除去知与所知的生起(jñānajñeyodayakṣaya)[2]，达到心一境性(ekāgratā)的状态；第三是调息(prāṇāyāma)，即呼吸回归其本质——持命风的方法。在接下来的三个次第中，达到与光明法界的合一。在执持(dhāraṇā)阶段，光明以一开始若隐若现，变得逐渐明亮、遍满的五相(nimitta)彰显自身。最初其为烟相(dhūma)，接着成为阳焰相(marīci)、虚空明相(khadyota)、灯焰明(dīpa)，最后成为如无云之虚空的常明(sadāloka, nirabhragagaṇopama)。在第五随念(anusmṛti)阶段，光明遍满虚空界。第六三摩地(samādhi)阶段，一切有收摄于其中。

正如我在别处已经研究过，将诸法实相、本尊想象为清净光明，
150 以及五光的理论显然与摩尼教有许多相似之处。

但是对大乘学说和伊朗信仰间的相互依存关系必须谨言慎行，而不应轻易下结论。

明相是金刚乘(Vajrayāna)教证的基石，其源于金刚乘禅修最高阶段中的大乐所产生的某种常见觉受。在我介绍那若六法以及*Guhyasamāja*［密集］的传统诠释后这点会更清楚，其实谨慎的读者通过阅读前面引述的*bar do thos grol*［中阴闻度］译文也能窥其一二。印度佛教徒及其藏地传承者将他们的宗教以及宗教象征建立在内观和自证上，其直接来自于由宗教虔信所激发的人类意识的深层世界，在这个世界中，如人所知，明相占据着优势位置，但探究其本质不是我的任务。

不能排除这些基本的观境有其他地区宗教形态的影响或融入，但我认为它们所起的影响是次要的、形式上的，并未改变大乘天众

[1] Viṣayaviṣayiṇāṃ viṣayabhāvopagamanaviṣayagrahaṇavyāpārāparatiḥ svavṛttiḥ，在诸境与有境中，灭除外境实有的分别、(以及)执持外境的相性的功用，是为入于自(心)。

[2] 在*Guhyasamāja*［密集］列表中，前两个"相"的顺序是颠倒的，为的是说明阐释密意的上师的必要：prathamadvitīyanimittavilomakathanam tu guruparādhīnatvakathanārthaṃ，颠倒宣说第一、第二相(是为了)指明上师的他力性。*Sekoddeśaṭīkā*［灌顶略说注］，第39叶。

世界的本质。换言之,它们只关注外表,而不涉及对成就者和受灌顶者而言这些观想对象所代表的内证真实。总之,即使有过外来的影响,它们也没有在教证组织上留下痕迹,而只是发现了某种源于乐空双运的生动具体的内涵。 151

不要忘记,开示成就的怛特罗并不阐释思辨的理论,即使有义理的辨析,其价值也仅仅在于它们能被转变为生活准则和解脱舟筏。因此,曼荼罗图示和天众身形能在受灌顶者的心中再次唤起与他们相应的整个成就境界,不仅使他认识,而且使他重新体验该境界,并在禅观中逐渐去除与五部中的某一既定部组对应的变易分别,或者将其再次融摄入生起中心。然后,在第二阶段,禅修者进入更高的无分别境界,并且与此超越一切有为,然亦出生一切有为的境界合一。

三、五佛之对应

据如上密意,大日如来是禅观中去除色蕴(rūpaskandha)的象征,如前所述,此种去除以体证色蕴的自性而实现。据大乘五智之说,大日如来象征法界体性智,即体证诸法空(śūnya)无自性,而由因缘所起〔1〕。他的骑乘是狮子,依据经论,象征与对空性的甚深理解密 152
不可分的勇猛功德〔2〕。它也是另外一系列范畴的象征:冬季、甘、真言中的喉音字母等。

不动佛是禅观中识蕴清净的象征,对应五智中的第二智大圆镜智(ādarśajñāna),此智让我们观见诸法无自性,而只是识之变现,如镜中影像〔3〕。他的骑乘是大象,象征力量。

宝生佛是禅观中去除受蕴的象征,对应第三智平等性智〔4〕,即

---

〔1〕 见本册第37页。

〔2〕 བཤགས་འབུམ། *bshags 'bum*［忏悔十万颂］,第35叶。

〔3〕 བཤགས་འབུམ། *bshags 'bum*［忏悔十万颂］,第35叶。

〔4〕 བཤགས་འབུམ། *bshags 'bum*［忏悔十万颂］,第35叶。

认识到众生和佛同一体性。这一点的重要性在于可以催策我们的观修，从而获得觉悟成佛的信心。宝座上的马象征精进。

无量光佛象征想蕴的去除，对应第四智妙观察智。他的宝座上是孔雀，象征优雅。

154 不空成就佛象征行蕴(saṃskāra)的去除，对应第五智成所作智（参见表三）。

许多怛特罗对此义理都有所指明，尤其是金刚乘(Vajrayāna)著名的怛特罗之一、*Guhyasamāja*［密集］对此有特别阐释，不过［密集］在五佛之上还配列有象征俱生身(sahajakāya)或法界(dharmadhātu)的金刚持像(Vajradhara)[1]，五佛则是其五种金刚蕴，即清净幻身之五蕴；也就是说，真如实相别别显现为有情之蕴。世界就是金刚持之身，其象征为曼荼罗。

其他学派在“俱生身(sahajakāya) = 金刚持(Vajradhara)”的说法上增加了“金刚持 = 金刚萨埵(Vajrasattva) = 本初佛(Ādibuddha)”[2]。在解释佛陀所开示的每部怛特罗之初固定出现的 evam“如是”所含的密意时，*Vimalaprabhā*［无垢光］说：

> e 音节和 vaṃ音节因被理解为对具一切形相之最胜的
> 空性和对一切法无缘的悲无有区分的菩提心的本质之
> 155 故[3]，evaṃ一词应被瑜伽士理解为般若方便本质无二的
> 无性瑜伽，其被冠以种种名字：金刚萨埵、菩提心、时轮、本
> 初佛、般若和方便之本质、瑜伽、知和所知之本质、无二、无
> 始无终、寂静、集、摄。[4]

因此，金刚持次第生出诸大种，然后将其收摄入自身，这不仅象

---

〔1〕 在不二金刚的 *Pañcākāra*［五相］中，金刚持是法界的同义词：dharmadhātuparanāmā。H. Shastri (edited by), *Advayavajrasaṁgraha*, p. 41.

〔2〕 关于这些“一神论”学派及其密意，参看我的文章。G. Tucci, “Some Glosses upon the Guhyasamaja”, pp. 339 – 353.

〔3〕 如上文所见，在其胜义层面。

〔4〕 *Vimalaprabhā*［无垢光］，第一品。
译者注：此处参照梵文原文翻译。藏译参见《西藏大藏经总目录》第 845 号，第 31 叶正面第 1 行。

表三　五佛及其对应

大日如来 (Vairocana)	不动佛 (Akṣobhya)	宝生佛 (Ratnasambhava)	无量光佛 (Amitābha)	不空成就佛 (Amoghasiddhi)	主要经论[1]
白	青	黄	红	绿	
色蕴(rūpaskandha)	识蕴(vijñānaskandha)	受蕴(vedanāskandha)	想蕴(samjñāskandha)	行蕴(saṃskāraskandha)	
地大； 佛眼母(Locanā śakti)； 色金刚母(Rūpavajrī śakti)	(空大)； 触金刚母(Sparśavajrī śakti)	水大； 忙莽计母(Māmakī śakti)； 声金刚母(Śabdavajrī śakti)	火大； 白衣母(Pāṇḍarā śakti)； 香金刚母(Gandhavajrī śakti)	风大； 度母(Tārā śakti)； 味金刚母(Rasavajrī śakti)	A, pp. 2－3； B, fol. 53
痴(moha)[2]	嗔(dveṣa)	如意宝(cintāmaṇi)	贪(rāga)	三昧耶(samaya)	A, pp. 6－7
痴(moha)	嗔(dveṣa)	我慢(ahaṃkāra)	贪(rāga)	诳惑(abhūtavacaḥ)	
慈(maitrī)		悲(karuṇā)	喜(muditā)	捨(upekṣā)	B, fol. 118
法界(体性)智 (dharmadhātujñāna)	大圆镜智 (ādarśajñāna)	平等性智 (samatājñāna)	妙观察智 (pratyavekṣaṇājñāna)	成所作智 (kṛtyānuṣṭhānajñāna[3])	C, pp. 40ff
冬	(秋)	春	夏	雨季	
甘	(涩)	咸	酸	苦	
喉音(ka varga)	半元音(ya, ra, la, va)	卷舌音(ṭa varga)	齿音(ta varga)	唇音(pa varga)	
早晨	半夜至黎明	一天中的第三部分	前半夜	半夜	
佛灌顶 (tathāgatābhiṣeka)	金刚灌顶(vajrābhiṣeka)	宝灌顶(ratnābhiṣeka)	莲花灌顶(padmābhiṣeka)	羯磨灌顶(karmābhiṣeka)	
轮部(cakrakula)	金刚部(vajrakula)	宝部(ratnakula)	莲花部(padmakula)	剑(羯磨)部(khaḍga[karma]kula)	
眼	耳	鼻	舌	身	D, pp. 4ff,部分有差异
地藏菩萨 (Kṣītigarbha)	金刚手菩萨 (Vajrapāṇi)	虚空藏菩萨 (Ākāśagarbha)	观音菩萨 (Lokeśvara)	除盖障菩萨 (Sarvāvaraṇaviṣkambhin)	B, fols. 225ff

[1] A = *Guhyasāmāja*[密集]。B = 宗喀巴再注之月称造[密集广释]。C = 不二金刚 (*advayavajra*)。D = *Pañcakrama*[五次第]。L. de la Vallée Poussin, *Pañcakrama*, Gand-Louvain, H. Engelcke, J.-B. Istas, 1896 (*Études et textes tantriques* I).

[2] 即由观想次第对痴(moha)等的净治：gdul bya rnams kyi nyon mongs pa zhe sdang rnam par sbyang ba'i phyir,为净诸所化之烦恼嗔，宗喀巴再注之月称造[密集广释]，第69叶正面。

[3] 译者注：原书写作 akriyājñāna。

征世界的生起，而且象征修法者(sādhaka)为与法界同一所必须追寻的方法。

四、五佛明妃

由此进入整个怛特罗义理极具特色的一种概念，即在生起次第中将此过程解析为能生和生之能力，后者即铄乞底(śakti)，根据贯穿整个怛特罗见修的象征性，其表现为女身。因此，如前所述，在象征金刚持身体即世界的曼荼罗中我们可见一系列天女，她们作为以五佛所象征的观境的对象，代表器世间能力的放射中心，排列如下：

金刚界自在母(Vajradhātvīśvarī)，空大[1]。

佛眼母(Locanā)，地大。

白衣母(Pāṇḍaravāsinī)，火大。

忙莽计母(Māmakī)，水大。 156

三昧耶度母(Samayatārā)，风大[2]。

或者，依据印度传统哲学所确立的大种与其性质之间的关系，就识境及所对应的诸根而言：色、触、声、香、味[3]，即：色金刚母(Rūpavajrī)、触金刚母(Sparśavajrī)、声金刚母(Śabdavajrī)、香金刚母(Gandhavajrī)、味金刚母(Rasavajrī)。

但象征性不止于此，其通过不断地升华，将五佛及其明妃阐释为智(jñāna)的不同表相。实际上，智在此处并不是智识——因为智识是一种有能知、所知、知之本身三者参与的过程——而是指完全证悟实相、有情与证境默然合一的独一刹那。

化现给观想者的独一实相据其或此或彼的形相、据其示现自身

---

〔1〕 只在双身曼荼罗中作为主尊的明妃出现。

〔2〕 B. Bhattacharyya (edited by), *Guhyasamāja Tantra or Tathāgataguhyaka,* p. 137; H. Shastri (edited by), *Advayavajrasaṁgraha*, pp. 42 – 43; B. Bhattacharyya (edited by), *Two Vajrayāna Works,* p. 79.

〔3〕 B. Bhattacharyya (edited by), *Guhyasamāja Tantra or Tathāgataguhyaka,* pp. 2, 3.

的不同方式而被冠以不同的名相，它们远远不能充分表达无法言诠、仅能别别自证(pratyātmavedanīya)的实相。当他是显自显他的光明时，称为大日如来；当他是其不动性时，称为不动佛；当他是一切圆满的生处和决定时，称为宝生佛；当他示现无量功德时，称为无量
157 光佛；当他不空成办一切义利时，称为不空成就佛；当他以微细、广大方式遍满三界时，称为佛眼母(Locanā)；当他内现自身时，称为忙莽计母(Māmakī)；净治时称为白衣母(Pāṇḍaravāsinī)，善巧救度时称为度母[1]。

所有这些象征手法均始于一些基本的前提，它们犹如佛教和印度教类似体系中表达的整个印藏宗教虔信的要塞。这些前提中最重要的是确信识境是有情和诸法相续的刹那生灭、变易无常的显现，是本识大海表面上意念的刹那生起[2]。

实际上无有诸法，而只有诸法的显相或和合，诸法无有自性、互为缘起，造作出我们称之为世界的幻网(māyājāla)；而处于无明中的我们赋予其坚实的本质，使我们不能解脱。解脱必须源自"识"，即灭除对刹那生灭、梦幻泡影之诸法的实执，进一步必须转识成智，此唯通过禅修才能达成，否则识将造作出新的，甚至更可恶、有害的执
158 著，此种执著更不易拔除，将使我们永处轮回的杂染戏论中。就此点而言，所有的怛特罗均宣称人与其信解是同体合一的。

"设若唯名有差别，分别性上无有别，智者舍弃执实有，亦不分别无实有"[3]。无支分金刚(Anaṅgavajra)再次重复了龙树的话。

---

[1] 我在此概括了因陀罗菩提(Indrabhūti)在 *Jñānasiddhi*［智成就］中所阐明的义理。B. Bhattacharyya (edited by), *Two Vajrayāna Works*, p. 79ff. 该校本有数处值得修正：第 14 颂中应读作 buddhādīni yato dhruvaṃ；第 19 颂中应读作 pāṇḍaravāsinī，而不是 maṇḍalavāsinī 等等。

[2] "譬如巨海浪，斯由猛风起，洪波鼓溟壑，无有断绝时。" Bunyiu Nanjio (edited by), *The Laṅkāvatāra sūtra*, Kyoto, Otani University Press, 1923, p. 46.
译者注：汉译引自实叉难陀译《大乘入楞伽经》，《大正藏》第 16 册，经号 672，第 594 页。

[3] *Prajñopāyaviniścayasiddhi*［抉择智慧方便成就］。B. Bhattacharyya (edited by), *Two Vajrayāna Works*, p. 41, v. 8.

因此,知解不能获得成就、从虚妄外境中辨析出无有变易、无有垢染的清净光明实相,只有内证智火能烧灭无明,清净光明得以显现。

“称‘此为此’胜者亦,于此无能有诠说,由其别别自证性,非为言语道所执”[1]。证即自证,这些复杂怛特罗义理的起点就是肉身,肉身是色蕴和诸根依处、是最胜曼荼罗、是整个世界活的象征,使世界成住坏空的生起和收摄次第于其间恒常进行,善于观修肉身就能获得解脱之钥匙:dehe viśvasya mānanam,于身上有一切敬[2]。因此,大乘象征性正是利用了譬喻、符号和定位,其一切起点都是我们的“我”、富含密意的曼荼罗,对于知道如何理解此曼荼罗的人而言,法界在此间以象征表达源于自身又成为自身否定的必然展开。 159

因此,这就是为什么诸多金刚乘学派修学的基础和观想的起点是将五佛等同于五蕴(skandha)。

“五蕴被称作五佛,因其本性与之同”,因陀罗菩提(Indrabhūti)如是说[3]。

所以,佛寺中的塑像和壁画并非用于装饰,审美的考量与此艺术完全背道而驰。我们看到,绘画和雕塑的选择均有其明确意图,均与成熟的密教思潮所催生的立体和图像曼荼罗协调,纯粹的装饰元素是附属的,且仅见于壁面中央甚深部组的背景中。佛传,或善财童子变(Sudhana, nor bzang),或常啼菩萨变(Sadāprarudita)也是如此,尽管它们保存了劝谕信众的虔信譬喻故事的价值,但从未占据主要的位置,主位往往留给某一特定部组的天众。

---

〔1〕 *Prajñopāyaviniścayasiddhi*[抉择智慧方便成就]。B. Bhattacharyya (edited by), *Two Vajrayāna Works*, p. 7, v. 3.

〔2〕 参考宗喀巴再注的月称(Candrakīrti)的 *Guhyasamāja*[密集]注释,第230叶正面:bdag gi lus ni khams gsum pa'i lus su lhag par mos pa'o,于三界身中殊胜信解吾身。

〔3〕 *Jñānasiddhi*[智成就]。B. Bhattacharyya (edited by), *Two Vajrayāna Works*, p. 41.

五、作为曼荼罗的佛寺

西藏西部的佛寺由赋予其真正曼荼罗价值的怛特罗理念所催
160 生。它们是作为此种艺术构思者更高灵感的内证真实的立体和可视的建筑象征[1]。在此艺术中没有任何心血来潮，而均有其仪轨和观想(dhyāna)次第的限定。如果佛寺中有各种曼荼罗，也就有不同的修法传规，这并不矛盾，因为怛特罗学派中成就法和证验并不互斥，而是交叠共存。所以，渴望新成就和新证境的所有印藏上师在不同的传承下，倾其韶华尽可能地修学各种瑜伽和修法传规，视其为个体大圆满中生发出的不同方法。

也许有人认为我的解释将实际上粗略和并不深奥的宗教表达过于理想化。并非如此。必须区分构建佛寺者的动机，以及它们后来对民众的意义。建造并如是庄严佛寺者并不想传播偶像崇拜，而是积集正念，一心于证境，借助艺术圆满其所从事的弘法事业。神殿在印度也具有两种视角：无需供养、礼拜神像的瑜伽士的视角，以
161 及未成熟信徒的盲目崇奉的视角。这在藏地别无二致，对受灌顶者而言是佛寺或曼荼罗的在普通信众眼中却是他物。前者看见的只是诸种象征，其密意由上师开示；后者感知到的只是其需供养的具加持力的天众身像。这是对印度已有的、存在于印度教徒和佛教徒两者宗教体验底层的久远态度的延续。但两种致神方式并不相悖，更准确地说，它们对应于各宗教作为信众终极目标、次第净治(kramaśuddhi)中的两种不同阶段。致神的第一种方式是受到的神的加持之光，激发出精进和厌离、燃起信解，觉受到神通过催生崇奉和虔信、并使我们从日常琐事的逼迫中拔离出来的外显身形的更亲密的交往。这样，一开始对神像的供养礼拜是有用的；因为，随后功德的积累将成熟业果，个体将会少一些实执来理解神的内在形体，

---

〔1〕 在接下来的几卷中我们将看到许多佛寺的建筑布局也等同于曼荼罗(maṇḍala)，例如 G. Tucci ed E. Ghersi, *Cronaca della missione scientifica Tucci*, pp. 310–312。

并且提升这些次第净治自身的体验，这将使他有朝一日接近大成就
门[1]。佛教与印度教的讲授一样，真谛不对一切有情、以同一方式
突然全部地展开，因为众生的类别不同，没有相同的根器，没有相同
的智力、福慧资粮。因此，诸佛渐次转其法轮，并且总是契合其所调 162
伏者的根器。对未成熟之人开示法要是徒劳的。*Vimalaprabhā* [无
垢光]说[2]：

> 对真言理趣而言，依世出世间谛，佛陀世尊于续及他续中宣说两种义：一为世俗谛，二为第一义谛。凡以世俗谛宣说者为不了义，凡以第一义谛宣说者为了义。诸弟子应从上师口诀中理解此二义。如是，一切续及他续应以两种方式诠说，一为世俗谛，二为第一义谛。凡世俗谛具颜色、手臂、标识和形状之相，凡第一义谛离颜色、手臂、标识和形状。[3]

六、藏地金翅鸟装饰图案

让我们再回到那果寺(Nako)的塑像。大日如来的宝座靠背值得注意(图版 75)，它保存了绘于佛教写本中的非常古老的印度图

---

[1] Niṣkāmakṛtyāny api hi yajñādīni pratibandhakapāpanirāsadvārā sattvaśuddhimātraṃ janayanti tena ca viṣayadoṣadarśanam tato vairāgyam tena ca śreyasi jijñāsā tataḥ saṃnyāsapūrvakān manananididhyāsanopākṛtāc chravaṇāt tattvajñānenāpavargaḥ.

藉由断除罪障，以及无欲所行之祭祀等，唯生有情清净。由此(清净)见境之过患，由此(见)而离欲，由此(离欲)而欲知善。因此，通过以厌离为先导、专注甚深禅定之听闻而知真实，此为解脱。

V. Ś. Panaśīkara (edited by), *Sūtasaṃhitā. With the Commentary of Śriman Mādhavāchārya*, Poona, The Ānandāśrama Press, 1893, p. 70, 1.7.26.

[2] *Vimalaprabhā* [无垢光]，第一品。
译者注：此据梵文原文翻译，藏译参见《西藏大藏经总目录》第 845 号，第 38 叶正面第 5 行至背面第 1 行。

[3] 参考因陀罗菩提(Indrabhūti)，*Jñānasiddhi* [智成就]，第 1、2 品。B. Bhattacharyya (edited by), *Two Vajrayāna Works*, pp. 31 – 45.

案，此处以立体方式表现，是印度装饰建筑熟知的诸元素的结合：口中叼蛇的金翅鸟(garuḍa)，而蛇的身体延伸以蔓藤、涡形花纹；宝座柱梁上的摩竭鱼(makara)；两侧小天众呈供养姿。我们面对的是在所有仁钦桑波所建佛寺中频见的装饰。在塔波寺祖拉康内殿的无
163 量光佛(Amitābha)的上方我们看见其痕迹；在拉隆(lha lung)、马阳(ma yang)和托林寺(tho ling)我们再次发现它，样式大体相同，其印度原型不容置疑，并且众所周知，因此我不想过多比较。然而，我想指出值得注意的一个细节，我认为其透露出纯粹的藏地影响，或是久远而未曾忘记的本土图案的遗存：我指的是金翅鸟的表现样式。据我所知，金翅鸟在印度从来没有角，而带角的金翅鸟是藏地图像几乎一致的特征。也许我们面对的是印度样式和本土遗存的杂糅。

藏族艺术家从印度接受了已经大量用于宝座靠背、经常代替程式化的狮头(kīrtimukha)的金翅鸟图案，但依据本土的宗教和艺术传统做了部分的改动。众所周知，金翅鸟在苯教神话中占有非常显著的位置，并且，作为其衍生，出现在全藏区的地名中，从阿里到康区。

插图 9

带角的金翅鸟在藏地极为古老，这由一件青铜护身符得以证明（插图 9），它和其他无疑非常古老的物件一起发现于马阳(ma yang)。无法确定该形象是苯教的还是佛教的，但它与许多其他无疑是初期历史阶段，甚至是史前的青铜器物一起被发现，我认为前者最有可能〔1〕。

我以发现于色贡(Serkung)、
164 无疑属于佛教绘画的金翅鸟为例：中间是金翅鸟，其周围四角是四只颜色不同的金翅鸟（图版 77）。

这是一件古格画派的唐卡(thang ka)，但肯定不属于其黄金时期，而无疑是古格王国已丧失政治独立后该画派的余绪。唐卡中所

〔1〕 G. Tucci ed E. Ghersi, *Cronaca della missione scientifica Tucci*, pp. 182ff.

有的金翅鸟都有明显的角；该类型与最古老的古格画派作品中主尊靠背的装饰性的金翅鸟形成对照，后者的金翅鸟通常如印度的一样没有角。这可以从这些绘画产生自与印度有直接渊源的画派、其在藏地土壤中忠实地传承了印度的艺术传统，并将其艺术风格保持不变而得到解释。165

色贡的唐卡表现的是一个大比例的金翅鸟，它踩踏一个上半身为人形的蛇。下部是请人绘制这幅唐卡的家族，正在对右边的神作供养，可以认出其为财神瞻巴拉(Jambhala)，右手托宝珠，左手持吐宝兽。

上部中央，两位礼拜喇嘛——可能表现的是阿阇梨(ācārya)——中间的是金刚萨埵(Vajrasattva)，右手于胸前持金刚杵，左手持小铃靠于腿部；四角是四只不同颜色的金翅鸟，从下部开始，按图像学通常遵循的右绕(pradakṣiṇā)的方向往右是：蓝、黄、红、绿。比定绘有五只金翅鸟的这幅唐卡所指向的怛特罗部组并不困难：五只金翅鸟就是我已经提到的暴恶金刚(Vajracaṇḍa, rdo rje gtum mo)的眷属；其曼荼罗在仪轨论书中有描述，例如：རྡོ་རྗེ་གཏུམ་པོ་ཁྱུང་ལྔའི་གྲུབ་ཐབས་གདུག་པ་ཅན་འཇོམས་པར་བྱེད་པ་རྡོ་རྗེ་ཕ་ལཾ། *rdo rje gtum po khyung lnga'i grub thabs gdug pa can 'joms par byed pa rdo rje pha laṃ*［暴恶金刚五鹏成就法・摧伏毒蛇金刚石］。

论书所述曼荼罗主尊是双身暴恶金刚(Vajracaṇḍa)：

> 暴恶金刚身蓝色，一面、二臂、三眼，右手于空中挥舞五股金刚杵，握铃左手拥抱明妃；着虎皮裙，于莲花、日、月座上伸左足，踏蓝色大自在天，曲右足，踏红色乌摩天妃；166
> 露出獠牙，三眼红色，犹如火堆；头发、胡子和眉毛黄褐色，炽燃向上；系白蛇于顶，着黄色耳铛和颈饰，绿色手镯，红色颈饰和腰带，黑色双垂项链和脚钏；上身裹以饰有珠宝和六骨印的蓝色法衣。
>
> 怀中明妃金刚乐女红绿色、赤体，头发披散，一面、二臂、三眼，右手持有金刚杵之钺刀，作威吓状，左手持盛满魔罗等等的鲜血的颅器送向主尊的嘴边。饰以五印，着五骷髅头骨

冠，十五骷髅头骨之双垂璎珞，曲右腿于大在自天身上，左腿盘附主尊。

金刚金翅鸟，蓝色，右手持金刚杵，左手持蓝花色蛇而食。

轮金翅鸟，白色，右手持轮，左手持白花色蛇而食。

莲花金翅鸟，红色，右手持莲花，左手持红花色蛇而食。

宝金翅鸟，黄色，右手持宝，左手持黄花色蛇而食。

剑金翅鸟，绿色，右手持剑，左手持绿花色蛇而食。[1]

这显示金翅鸟的五身不同形象是基于上文已提及的五部理论。
167 因此，它是大乘阿毗达磨及密教中由教义预设和以五分导入的法数所暗示的五种身形，而不是民众信仰中的金翅鸟的形相。其实，尽管有时金翅鸟被当作菩萨，但它在佛教中只占有次要的地位，其仪轨总是与驱蛇或祈雨有关[2]。

左壁有另一身无法比定的形象，参见弗兰克(Francke)著作中图版XIII[3]，本册图版78。显然，弗兰克将五佛主尊与该身形象弄混了：在他的图版说明中说这是大日如来，而在第32页他说这是宝生佛的另一种表现，显然两种说法都不成立，单从外形一看就知塑像表现的是天女。其双手施说法印(vyākhyāna)或转法轮印(dharmacakramudrā)，这可以确定她是两臂般若佛母(Prajñāpāramitā)的诸多身形之一[4]。

右壁有一铺大曼荼罗，主尊为白色、四面、施禅定印(samādhi-
168 mudrā)，这使我们立即比定出它是我们所知的普明大日如来曼荼罗（图版79）。

左壁所绘的似乎仍为大日如来曼荼罗，但根据的是完全不同的

---

[1] 参见图版82。

[2] 正是因此功能，金翅鸟进入了 *Mañjuśrīmūlakalpa*［文殊师利根本仪轨经］（第41章），或《金刚光焰止风雨陀罗尼经》（《大正藏》第19册，经号1027）所描述的仪轨中。［文殊师利根本仪轨经］中的章节已由拉露研究并译出。M. Lalou, "Un traité de magie bouddhique", in *Études d'Orientalisme publiées par le Musée Guimet à la mémoire de Raymonde Linossier*, Paris, Librairie E. Leroux, 1932, vol. II, pp. 303－322.

[3] A.H. Francke, *Antiquities of Indian Tibet*, 1914, part I (*Personal Narrative*), p. 32.

[4] ［成就法鬘］有几乎类似的观想程式。*Sādhanamālā* I, pp. 312ff.

传规(图版80)。它分为五个曼荼罗,中间的最大,其他四方的略小,其天众不易辨认。整个曼荼罗的主尊是八臂大日如来,类似于拉隆寺(lha lung)曼荼罗中的主尊。

因此,此处再现了证悟和成就法的多样性,它们作为相同目标的不同道路,是中世纪印度佛教学派为了促进和增强怛特罗教义的掌握,并将其转变为亲证而永不磨灭的宗教热忱的缓慢描画。

七、药师佛

3号殿一般称为上殿[1],这意味着它的古名也丢了。它属于破坏最严重的佛殿之一。

在常见的金翅鸟(garuḍa)、摩竭鱼(makara)和大象靠背中的主尊是度母(Tārā),黄色,她是大乘佛教和藏传佛教习见的二十一度母之一(图版81)。正壁,度母旁边的左右各有四身形象,是西藏西部所有佛寺中频见的八药师佛(sman bla,图版83、84)。塑法拙劣,只要
将其与上面研究的佛殿塑像比较,就知道它们之间无任何共同之 169
处。显然,我们面对的是已经遗失或毁掉的古代塑像的当代本土摹制,并且,我甚至不能确定现代的塑像组合是否忠实地再现了建寺时庄严佛殿的原始图像序列。因为我没见到任何图像实例或经论传统来确定度母与药师佛的关系。度母作为主尊使我们猜想其周围应当是该天女部组的眷属天众或其化现,然而,八药师佛暗示主尊应该是无量寿佛或释迦牟尼。实际上,药师佛是七位,只是加上释迦牟尼或无量寿佛才成八位[2]。七这个数字可能与行星有
关[3],并得到了汉译佛典的支持,其中所列的七药师佛与藏文完全 170

---

〔1〕 译者注:原书写作"5号殿一般称为祖拉康"。

〔2〕 因此,穆勒在其精勤研究中所述"药师佛的八位眷属没有任何表现"的说法是不正确的。R. F. G. Müller, "Die Krankheits- und Heilgottheiten des Lamaismus. Eine medizingeschichtliche Studie", *Anthropos*, 22, 1927, p. 987, n. 154.

〔3〕 在中亚发现行星与药神有关。R. F. G. Müller, "Die Krankheits- und Heilgottheiten des Lamaismus", p. 984, n. 144.

一致〔1〕。那果寺(Nako)单尊药师佛的比定有些困难，只要将这里的塑像与奥登堡(Oldenburg)列出的图像样式进行比较，就能发现手印——在类似的情况下对造像进行辨识的唯一方法——的显著差异。

不能不说我所掌握的关于药师佛的图像并不完全一致。甚至瓦德尔(Waddell)的描述〔2〕——我不知道他使用的是哪种资料——也不完全与奥登堡书中的图像样式相同。因此，不能排除那果寺的塑师遵循了不同的图像传统〔3〕。但由于这些塑像的塑法拙劣，与前间神殿的精美技法相去甚远，加之重复出现的触地印(bhūmisparśamudrā)，
171 使我们怀疑它们是距今不远、不完全遵守传统轨则的重修。尽管其违反了印藏图像法则，但在这些地方藏传佛教文化普遍衰落、正统消失、宗教仪规不再得到很大尊敬的情况下，类似的例子并不少见。

---

〔1〕 参见《药师七佛供养仪轨如意王经》、《修药师仪轨布坛法》，《大正藏》第19 册，经号 927、928；《药师琉璃光七佛本愿功德经》，《大正藏》第 14 册，经号 451。P. Pelliot, "Le Bhaiṣajyaguru", *Bulletin de l'École Française d'Extrême-Orient*, 3, 1903, pp. 33 – 37.

藏文和汉文七药师名称如下：

1. མཚན་ལེགས་(ཡོངས་གྲགས་)དཔལ། 善名称吉祥
2. སྒྲ་དབྱངས་རྒྱལ་པོ། 宝月智严光音自在王
3. གསེར་བཟང་དྲི་མེད་རིན་ཆེན། 金色宝光妙行成就
4. མྱང་མེད་མཆོག་དཔལ། 无忧最胜吉祥
5. ཆོས་སྒྲགས་རྒྱལ་པོ། 法海雷音
6. མངོན་མཁྱེན་རྒྱལ་པོ། 法海胜慧游戏神通
7. སྨན་གྱི་བླ་བེ་ཌཱུ་རྱའི་འོད་ཀྱི་རྒྱལ་པོ། 药师琉璃光

据《修药师仪轨布坛法》，善名称吉祥的身形不同于奥登堡所说。S. F. Oldenburg [S. F. Ol'denburg"], *Sbornik" izobraženij 300 burhanov". Po al'bomu aziatskago muzeja*, Sankt Peterburg", Tipografija Imperatorskoj Akademii Nauk, 1903, čast' pervaja, folia 46 – 47, figs. 136 – 142.

〔2〕 L. A. Waddell, *The Buddhism of Tibet or Lamaism with its Mystic Cults, Symbolism and Mythology, and in its Relation to Indian Buddhism*, London, W. H. Allen and co., 1895, pp. 353 – 354.

〔3〕 据上述名录，第 4 位可能是善名称吉祥，第 2 位是琉璃光，第 3 位是释迦牟尼，第 7 位是宝月智严光音自在王，第 5 位是无忧最胜吉祥。

侧壁有两铺为岁月近乎完全损蚀的曼荼罗，左壁的实际上荡然无存，右壁主尊是转法轮印(dharmacakramudrā)的大日如来（图版85），它是表现大日如来成就法的另一曼荼罗，是我们目前看到的第三种。

据给弗兰克(Francke)提供信息者说，3 号殿和 4 号殿都称为 lhag khang gong ma，即上殿或古殿。然而，陪我的村里老人肯定第5号小殿叫作 rgya dpag pa'i lha khang。

4 号殿除了一些壁画，其内没有任何值得关注；左边是金刚持，中间是释迦牟尼及其弟子，右边是无量寿佛(Amitāyus)和其他药师佛。

门上是藏族史诗中的英雄岭·格萨尔（gling ge sar，图版 86）。他骑着一头白色的野驴(rkyang)，着白色外衣，深色披风，右手朝上，似乎擎有物件，因壁画过残而无法辨认，左手拿着盛器。周围是怒相护法(chos skyong)天众，可以清楚辨认的是多闻子(Vaiśravaṇa)， 172
以及格萨尔坐骑的腿中间的四臂怙主(mgon po)。

八、莲 花 生 寺

莲花生寺邻村，建造在一块石头上，其上有虔诚信众意欲瞻礼的莲花生足印（zhabs rjes，图版 87）。这位伟大的咒师在藏民族宗教生活中所闪耀的痕迹如此鲜活和强烈——在格鲁派占优势的环境中亦如此——以至于藏地几乎没有一处较重要的地方不自夸其拥有莲花生在其漫长旅程中遗留的法物或印记。附近，朝圣者可以瞻礼据说是那果(Nako)的保护神布琼(Purgyul)山神的指印（图版 88），该神可能是佛教传入之前的神祇，后来佛教将之吸收作为地祇(sa bdag)。

石头上塑有年代并非特别久远的莲花生像，为常式，持金刚杵(vajra)、天杖(khaṭvāṅga)和颅器(kapāla)。尽管小寺保存状况不尽人意，但显然一度覆满全寺的壁画并非没有价值。它们大约可以追溯到十四或十五世纪。我们仅拍摄了保存最好的四幅，一是坐于天宫(vimāna)楼阁中的绿度母（图版 89）；另一是世间怙主(Lokanātha)，

173 其样式在西藏西部相当普遍，我在许多擦擦(tsha tsha)上也见过。后两幅表现的是施转法轮印(dharmacakramudrā)、着袈裟的大日如来（图版90）和绿度母及其化现（图版91）。

正壁曼荼罗的痕迹损蚀殆尽，右边是无量寿佛、释迦牟尼、无量光佛。其他的均为残迹。

附　录

藏 文

（一）［般若波罗蜜多］写本题赞

དོན་གཉིས་མཐར་ཕྱིན་སྟོན་པ་སངས་རྒྱས་དང་།།
སྒྲིབ་གཉིས་མུན་སེལ་སྐྱོབ་པ་དམ་པའི་ཆོས།།
རིགས་གྲོལ་གཉིས་ལྡན་འཕགས་པའི་དགེ་འདུན་སྡེ།།
སླུ་མེད་དཀོན་མཆོགསུམ〔1〕་ལ་ཕྱག་འཚལ་ལོ།།
སྟོད་ཀྱི་འཇིག་རྟེན་འབྱུང་བ་བཞི་ལ་རྟེན།།
བཅུད་ཀྱི་སེམས་ཅན་འོད་གསལ་ལྷ〔2〕་ནས་འཆད།།
གཡུ་ཁ་སྐྱོར་གནམ་ས་གཉིས་ཀྱི་བར།།
རི་མཐོ་ས་གཙང་སྤུ་རྒྱལ་བོད་ཀྱི་ཡུལ།།
ཁ་བ་ཅན་ལྗོངས་དམ་ཆོས་དར་བའི་ས།།
དགྲ་བཅོམ་བཞུགས་གནས་ཏི་སེ་གངས་ཀྱི་མགུལ།།
རྩ་བོ་འགའ་ག་འབབ་པའི་གཡོན་ཕྱོགས་འདིར།།
ལྷ་སྲས་ཉི་མའི་དབང་ཕྱུག་ཁྲི་ལྡེ་ཡི།།
སྐུ་མཆེད་སྐྱེ་དགུའི་གཙུག་ན་རྒྱལ་གྱུར་ཅིག།
ཆོས་རྒྱལ་མངའ་འོག་ཞང་ཞུང་ཡུལ་གྱི་དབུས།།
དགེ་བཅུ་འཛོམ་པའི་ལྷ་ཡུལ་ཁྭ་རྩེ་འདིར།།

〔1〕 译者注：原书写作མཆོག་གསུམ。

〔2〕 译者注：原书写作ལྡ。

མི་རིགས་ཁྲུང་བཙུན་ཁྲི་བཙན་རྒྱུད་དུ་ཁྲུངས།།

……………………………………

（二）［恶趣清净］写本题赞

གླིང་གི་མཆོག་གྱུར་ལྷོའི་འཛམ་བུའི་གླིང་།

དགྲ་བཅོམ་བཞུགས་གནས་ཧི་སེ་གངས་ཀྱི་མགུལ།

ཁྱད་པར་ཆུ་བོ་གང་འགའ་འབབ་པའི་གཡས་ཕྱོགས་འདིར།

འཇིག་རྟེན་དབང་ཕྱུག་མི་དབང་པད་དཀར་ལྡེ།

སྐྱེ་དགུའི་གཙུག་ན[1]ཕྱོགས་ལས་རྒྱལ་གྱུར་ཅིག།

ཆོས་རྒྱལ་མངའ་འོག་ཞང་ཞུང་ཡུལ་གྱི་དབུས།

བདེ་བའི་འབྱུང་གནས་དགའ་ལྡན་ལྷ་ཡུལ་འདྲ།

གནས་ཀྱི་མཆོག་གྱུར་རྒྱལ་ས་ཐྱེ་གར་དུ།

（三）［世间建立］写本题赞

……………………………………

སྟོང་གསུམ་མི་འབྱེད[2]ལོ་ཀ་མཐའ་མེད་ཀྱང་།

གླིང་བཞི་བྱེ་བ་ཕྲག་བརྒྱ་སྐོར་བའི་ནང་།

རི་རྒྱལ་ལྷུན་པོའི་ལྷོའི་ཕྱོགས་ཀྱི་ངོས།

འཛམ་བུ་ཏྲིས་ཤས[3]མཆོད་པས་འཛམ་བུའི་གླིང་།

---

〔1〕 写本：ནས。

〔2〕 应为མི་མཇེད。

〔3〕 应为བྲི་ཀྵས?

རི་མགོ་ས་གཙང་སྤུར་རྒྱལ་བོད་ཀྱི་ཡུལ།
སྟོན་པ་ཆོས་གསུངས་རྡོ་རྗེ་གདན་གྱི་བྱང་།
ཁ་བ་ཅན་ལྗོངས་དམ་ཆོས་དར་བའི་གནས།
ཏི་སེ་མཆོད་རྟེན་དགྲ་བཅོམ་བཞུགས་པའི་གནས།
མ་ཕང་གཡུ་མཚོ་དངོས་གྲུབ་ཁྲུས་ཀྱི་རྫིང་།

ཨེ་མ་ཧཱོ།
རིན་ཅེན་བཟང་པོའི་ཞབས་ཀྱིས་བཅགས་པའི་གནས།
བློ་བཟང་གྲགས་པའི་བསྟན་པ་དར་བའི་གནས།
ཆུ་ཆེན་དཔལ་འབབ་གླང་པོ་ཁ་འབབ་འགྲམ།
ཆའི་གཡང་ར་ཞང་བཞུང་ལྷའི་ལྗོངས།
ཁྲུང་རྫོང་སྤུ་མགོ་རིན་ཅེན་ལྷུན་པོའི་ངོས།
དངོས་འདོད་འབྱུང་བ་རིན་ཅེན་གསེར་གྱི་གླིང་།
ཡུལ་ལ་དགེ་བཅུ་ལྡན་པ་གནས་བཞི་བྱིན།
མཁན་སློབ་སྟོན་པ་མང་བ་དམ་ཆོས་དར།
གང་བསམ་ལྷུན་གྲུབ་སྲུས་མགོན་སློན་གནས་ཅན་རང་ན།
གནམ་སའི་བདག་པོ་འབྲི་གྲགས་པ་ལྡེའི།
དབུ་སྨོག་གཙན་ཞིང་ཆབ་སྲིད་རྒྱ་མཚོའི་དཔལ།
དགའ་བདེའི་རླབས་ཕྲེང་རོལ་པ་མཛེས་པའི་སྒྲ།
ཆོས་རྒྱལ་དེའི་མངའ་འོག་ན····

（四）写本残片

ཐུབ་པས་འདུལ་བའི་ཞིང་ཁམས་ཚད་མེད་ཀྱང་།
རྡོ་རྗེ་གདན[1]་དངོས་གངས་རི་མཚོ་གསུམ་ནུབ།
ས་ཕྱོགས་ཉམས་དགའ་གུ་གེ་ལྷའི་ཡུལ།
ཏ་དམག་ཉི་ཁྲིའི་བདག་ཉིད་ལུས་རྗེ་གྲགས་ལྡེའི་མངའ།
དབེན་གནས་ཁྱད་འཕགས་དཔལ་ལྡན་སེང་རྒྱུད་འདིར།

（五）普明曼荼罗[2]

དབུས་ཀྱི་གདན་གྱི་སྟེང་དུ། སྐད་ཅིག་གིས་བཅོམ་ལྡན་འདས་ཀུན་རིག་རྣམ་པར་སྣང་མཛད་སྐུ་མདོག་དཀར་པོ། ཞལ་བཞི་དཀར་བ། རྩ་ཞལ་ཤར་དུ་གཟིགས་པ། ཕྱག་གཉིས་ཏིང་ངེ་འཛིན་གྱི་ཕྱག་རྒྱ་ཅན། ཞབས་རྡོ་རྗེ་སྐྱིལ་མོ་ཀྲུང་གིས་བཞུགས་པ། ཤར་དུ་སྤྱོད་བའི་རྒྱལ་པོ་དཀར་ལ་ཅུང་ཟད་དམར་བ་ཏིང་ངེ་འཛིན་གྱི་ཕྱག་རྒྱས་བཞུགས་པ། ལྷོར་རྒྱལ་མཆོག་རིན་ཆེན་སྔོན་པོ། གཡས་མཆོག་སྦྱིན་གཡོན་ཏིང་ངེ་འཛིན་གྱི་ཕྱག་རྒྱ་ཅན། ནུབ་ཏུ་ཤཱཀྱ་རིགས་དབང་སེར་པོ་ཆོས་འཆད་ཀྱི་ཕྱག་རྒྱ་ཅན། བྱང་དུ་མི་ཏོག་ཆེར་རྒྱས་ལྗང་གུ་གཡས་སྐྱབས་སྦྱིན། གཡོན་ཏིང་ངེ་འཛིན་གྱི་ཕྱག་རྒྱ་ཅན། ཐམས་ཅད་ཀྱང་རིན་པོ་ཆེའི་རྒྱན་དང་། དར་གྱི་ན་བཟའ་ཅན། རྡོ་རྗེ་སྐྱིལ་མོ་ཀྲུང་གིས་བཞུགས་པ། འཁོར་ལོ་སྒྱུར་བའི་ཆ་ལུགས་ཅན་ནོ།།

ཤར་ལྷོར་སྤྱན་མ་དཀར་མོ་གཡས་པ་སྤྱན་གྱིས་མཚན་པའི་འཁོར་ལོ་འཛིན་པ། ལྷོ་ནུབ་ཏུ་མ་

[1] 写本：བདན。

[2] 译者注：དཔལ་ཀུན་རིག་གི་ཆོ་ག་གཞན་ཕན་མཐའ་ཡས་དང་དེ་ལ་ཉེ་བར་མཁོ་བའི་ཆོ་གའི་ཡན་ལག་དུ་མ་བཅས་པ་ཕྱོགས་གཅིག་ཏུ་བཀྲིས་པ་ཀུན་རིག་གི་ཆོ་ག་གཞན་ཕན་ལྷུན་གྲུབ། [吉祥无边利他普明仪轨及多种必需仪轨合集·普明仪轨利他天成]，第13叶正面第2行至第14叶正面第3行。

མ་ཀི་སྔོན་མོ་གཡས་རྡོ་རྗེ་འཛིན་པ། ནུབ་བྱང་དུ་གོས་དཀར་མོ་དམར་མོ་གཡས་པདྨ་འཛིན་པ། བྱང་ཤར་དུ་སྒྲོལ་མ་ལྗང་གུ་གཡས་ཨུཏྤ་ལ་འཛིན་པ། བཞི་ཀའང་ཕྱག་གཡོན་གདན་ལ་བཏེན་ཅིང་། སེམས་དཔའི་སྐྱིལ་མོ་ཀྲུང་གིས་བཞུགས་པ། སྙིག་ཅིང་ཆགས་པའི་ཉམས་དང་ལྡན་ཞིང་། ནུ་འབུར་ཟུང་གིས་མཛེས་པའོ།།

དེའི་ཕྱི་རོལ་གྱི་ཤར་གྱི་གདན་བཞི་ལ། རྡོ་རྗེ་སེམས་དཔའ་དཀར་པོ་རྡོ་རྗེ་དྲིལ་བུ་འཛིན་པ། རྡོ་རྗེ་རྒྱལ་པོ་སེར་པོ་ལྕགས་ཀྱུ་འཛིན་པ། རྡོ་རྗེ་ཆགས་པ་དམར་པོ་མདའ་གཞུ་འཛིན་པ། རྡོ་རྗེ་ལེགས་པ་ལྗང་གུ་རྡོ་རྗེ་སེ་གོལ་གྱིས་ལེགས་སོ་སྐྱེར་བའོ།།

ལྷོའི་གདན་བཞི་ལ། རྡོ་རྗེ་རིན་ཆེན་སེར་པོ་གཡས་རིན་པོ་ཆེ་དཔྲལ་བར་འཛོག་ཅིང་གཡོན་དྲིལ་བུ་དཀྱུར་འཛིན་པ། རྡོ་རྗེ་གཟི་བརྗིད་དམར་སེར་ཉི་མའི་དཀྱིལ་འཁོར་འཛིན་པ། རྡོ་རྗེ་རྒྱལ་མཚན་ནམ་མཁའི་མདོག་ཅན་ཡིད་བཞིན་གྱི་རྒྱལ་མཚན་འཛིན་པ། རྡོ་རྗེ་བཞད་པ་དཀར་པོ་སོའི་འཕྲེང་བ་འཛིན་པའོ།།

ནུབ་ཀྱི་གདན་བཞི་ལ། རྡོ་རྗེ་ཆོས་དཀར་ལ་ཅུང་ཟད་དམར་བ་གཡོན་པདྨ་འཛིན་ཅིང་། གཡས་པ་དེའི་ཁ་འབྱེད་པ། རྡོ་རྗེ་རྣོན་པོ་སྔོན་པོ་གཡས་རལ་གྲི་གཡོན་པོ་ཏི་འཛིན་པ། རྡོ་རྗེ་རྒྱུ་སེར་པོ་གཡས་པའི་གུང་མོ་ལ་འཁོར་ལོ་རྩིབས་བརྒྱད་པ་བསྐོར་ཞིང་འཛིན་པ། རྡོ་རྗེ་སྨྲ་བ་དམར་པོ་རྡོ་རྗེའི་ལྕགས་འཛིན་པའོ།།

བྱང་གི་གདན་བཞི་ལ། རྡོ་རྗེ་ལས་སྣ་ཚོགས་མདོག་གཡས་སྣ་ཚོགས་རྡོ་རྗེ། གཡོན་དེས་ཡུ་བ་བྱས་པའི་དྲིལ་བུ་དཀྱུར་འཛིན་པ། རྡོ་རྗེ་བསྲུང་བ་སེར་པོ་རྡོ་རྗེའི་གོ་ཆ་འཛིན་པ། རྡོ་རྗེ་གནོད་སྦྱིན་ནག་པོ་ཕྱག་གཉིས་ཀྱིས་ཞལ་གྱི་གཡས་གཡོན་གྱི་ཐད་ཀར་མཆེ་བ་འཛིན་པ[1]། རྡོ་རྗེ་ཁུ་ཚུར་སེར་པོ་རྡོ་རྗེ་རྩེ་ལྔ་པ་གཉིས་དམ་ཚིག་གི་ཁུ་ཚུར་གྱིས་འཛིན་པའོ།།

ནང་གི་གྲྭ་བཞིའི་ཤར་ལྷོར་སྒེག་མོ་དཀར་མོ་སྙེམས་པའི་ཚུལ་གྱིས་རྡོ་རྗེ་གཉིས་འཛིན་པ། ལྷོ་ནུབ་ཏུ་ཕྲེང་བ་མ་སེར་མོ་ཕྱག་གཉིས་ཀྱིས་ཕྲེང་བ་འཛིན་པ། ནུབ་བྱང་དུ་གླུ་མ་དཀར་དམར་པི་ཝང་

[1] 注解：ཕག་རྒོད་ཀྱི་མཆེ་བ་འཛིན་པར་གྱུར་རུ་བཞེད་དོ།

འཛིན་པ། བྱང་ཤར་དུ་གར་མ་ལྗང་གུ་ཕྱག་གཉིས་ཀྱིས་རྡོ་རྗེ་རྩེ་གསུམ་པ་འཛིན་པས་གར་བྱེད་པའོ།།

དེའི་ཕྱི་རོལ་གྱི་གྲྭ་བཞིར། ཤར་ལྷོར་བདུག་སྤོས་མ་དཀར་མོ་བདུག་སྤོས་འཛིན་པ། ལྷོ་ནུབ་ཏུ་མེ་ཏོག་མ་སེར་མོ་མེ་ཏོག་གི་ཟ་མ་ཏོག་འཛིན་པ། ནུབ་བྱང་དུ་མར་མེ་མ་དམར་སྐྱ་མར་མེའི་སྡོང་བུ་འཛིན་པ། བྱང་ཤར་དུ་དྲི་ཆབ་མ་ལྗང་གུ་དྲིའི་དུང་ཆོས་འཛིན་པའོ།།

ཤར་དུ་རྡོ་རྗེ་ལྕགས་ཀྱུ་དཀར་པོ་ལྕགས་ཀྱུ་འཛིན་པ། ལྷོར་རྡོ་རྗེ་ཞགས་པ་སེར་པོ་ཞགས་པ་འཛིན་པ། ནུབ་ཏུ་རྡོ་རྗེ་ལྕགས་སྒྲོག་དམར་པོ་ལྕགས་སྒྲོག་འཛིན་པ། བྱང་དུ་རྡོ་རྗེ་དྲིལ་བུ་ལྗང་གུ་དྲིལ་བུ་འཛིན་པའོ།།

（六）地狱曼荼罗四十八佛母

ཁྲོ་མོ་སྔོན་མོ་བམ་དབྱུག་འཛིན། གཽ་རི་མ〔1〕་ལ་ཕྱག་འཚལ་ལོ།

ཁྲོ་མོ་སེར་མོ〔2〕་མདའ་གཞུ་འཛིན། ཙཽ་རི་མ〔3〕་ལ་ཕྱག་འཚལ་ལོ།

ཁྲོ་མོ་དམར་མོ་ཆུ་སྲིན་འཛིན། པྲ་མོ་ཧ〔4〕་ལ་ཕྱག་འཚལ་ལོ།

ཁྲོ་མོ་མཐིང〔5〕་ནག་རྡོ་རྗེ་འཛིན། བེ་ཏ་ལི〔6〕་ལ་ཕྱག་འཚལ་ལོ།

ཁྲོ་མོ་དམར་སེར་བྱིས་གྲུ་འདྲེན། པུ་ཀྐ་སཱི〔7〕་ལ་ཕྱག་འཚལ་ལོ།

ཁྲོ་མོ་ལྗང་གུ〔8〕་དུང་ཁྲག་འཐུང་། གྷ་སྨ་རཱི〔9〕་ལ་ཕྱག་འཚལ་ལོ།

---

〔1〕 A གཱཻ་རེ་རི་མ, B ཀྱི་རི་མ, C གཽའུ་རི་མ, D གཱཻ་རི་མ, E གཽ་རཱི་མ。

〔2〕 A གསེར་མོ。

〔3〕 A ཙོུ་རི་མ, B ཙེུ་རི་མ, C ཙཽའུ་རི་མ, D ཙཱཽ་རི་མ, E ཙཽ་རཱི་མ。

〔4〕 E ཧཱ。

〔5〕 A ཐིང, B D འཐིང。

〔6〕 A D བཱེ་ཏ་ལི, B ཕཱེ་ཏ་ལི, C པེ་ཏ་ལི, E བེ་ཏཱ་ལཱི, 原书写作བེ་ཊཱ་ལི。

〔7〕 A D པུ་ཀྐ་སི, B པུ་ཀ་སི。

〔8〕 A B C D ལྗང་ཁུ。

〔9〕 A གྷ་སྨ་རི, B C གྷ་མ་རི, D གསྨ་རི。

ཁྲོ་མོ་ནག་མོ་བྲིས་སྙིང་ཟ། སླ་ཤ་ནི[1]་ལ་ཕྱག་འཚལ་ལོ།

ཁྲོ་མོ་སེར་སྐྱ[2]་མགོ་ལུས་འཕྲལ[3]། ཙཎ་ཊ་ལཱི[4]་ལ་ཕྱག་འཚལ་ལོ།

བསྐལ་པ[5]་མེ་ལྟར་འབར་བའི་ཀློང[6]་དཀྱིལ་ན།

ཡེ[7]་ཤེས་སྐུ་མཆོག་འཇིགས་བྱེད[8]་རྒྱན་གྱིས་བཞུགས[9]།

ཁྲོ་མོ་ཆེན་མོ་བརྒྱད་ལ་ཕྱག་འཚལ་ལོ།།

སེང་ཧ[10]་ཁ[11]་རོ་བསྒྲོལ[12]་སེར་སེང[13]་། སེང་གེའི[14]་དབུ[15]་ལ་ཕྱག་འཚལ་ལོ།

བྱ་ཁྲི[16]་མཐན[17]་ལྟ[18]་བསྒྲོལ[19]་དམར་སྟག[20] སྟག་གི་དབུ་ལ་ཕྱག་འཚལ་ལོ།

---

[1] C F སླེ་ཤ་ནི, E སླེ་ཤ་ནཱི。

[2] C ཀྱ。

[3] A མཆོག་ལུས་འབྲེལ, C ཆོག་ལུས་བྲེལ, D མཆོག་ལུས་འདྲེལ, E མགོ་ལུས་ཕྲལ。

[4] A ཙན་ཊ་ལི, B ཙན་ཌྷ་ལ, C ཙཎྜ་ལི, D ཙཎ་ཊ་ལི, E ཙཎྜ་ལཱི。

[5] C པའི。

[6] C གློང。

[7] C ཡི。

[8] C འཇིགས。

[9] A བཞུག, B བརྒྱན。

[10] B སེང་ང, C སིང་ང, E སེཾ་ཧ。

[11] C ཁྲ。

[12] A སྒྲོལ。

[13] B སེང་སེང, C སེང་སེར。

[14] C སེངྒེའི。

[15] B དབུལ་ལ。

[16] A བྱ་གྲི, B D བྱ་ཀྲ, C བྱ་གྲཱི。

[17] A B D གནས, C སྣ。

[18] A D བལྟ。

[19] A D སྒྲོལ。

[20] A ལྟག。

ཤྲི[1]་ལ་ནག་མོ་བྲིས་བལྟག[2]་ལྷ། ལྷའི[3]་དབུ་ལ་ཕྱག་འཚལ་ལོ།

ཤྭ[4]་ན་འདྲལ[5]་ལྷ་མཐིང་ཁ[6]་སྤྱང[7]་། སྤྱང་ཀིའི[8]་དབུ་ལ་ཕྱག་འཚལ་ལོ།

གྲི་ཧྲ་འདྲེན[9]་དམར་རྒྱུ་འདྲེན[10]་རྒོད། བྱ་རྒོད་དབུ[11]་ལ་ཕྱག་འཚལ་ལོ།

ཀང[12]་ཀ་ཞིང[13]་ཕྱག་སྣར་མགོ་རིང་། དུར་བྱའི་དབུ་ལ་ཕྱག་འཚལ་ལོ[14]།

ཁྭ་ཁ་ཁར[15]་རོ་བན[16]་གྲི་ནག[17] བྱ་རོག་དབུ་ལ་ཕྱག་འཚལ་ལོ།

ཨུ་ལུ[18]་ལྕགས་ཀྱུ[19]་མཐིང་ཚོགས[20]་འུག འུག་པའི་དབུ་ལ་ཕྱག་འཚལ་ལོ།

---

[1] E ཤྲཱི。

[2] B སྟག, C E ལྟག。

[3] D E ལྷ་ཡི。

[4] A C D ཤོ。

[5] A D དྲལ, C དགྲ。

[6] A B D འཐིང་ཀ, E མཐིང་ནག。

[7] C བྱང。

[8] A D སྤྱང་མོའི, C བྱང་མའི。

[9] A B D གྲི་ཏ་གྲི, C གྲི་ཏ་མགྲིན, E གྲི་ཧྲ་འདྲེན。

[10] A C D རྒྱུ་མགོ, B རྒྱུ་འགོ。

[11] E མགོ。

[12] A ཀྲང, B ཀང, C ཀཾ。

[13] D ཀྲང。

[14] D འཚལོ。

[15] A D ཁྭ་ཁ་ཁས, B ཁྭ་ཁ་ཀ, C ཁ་ཁ་ཁ。

[16] A D བམ, E ཟྐན。

[17] A D གནག。

[18] A B C D ཧུ་ལུ。

[19] C རྡོ་དབྱུག, E རྡོར་ཀྱུ。

[20] D འཐིང་འཚོགས。

ནམ་མཁའི〔1〕་ལུས་ཅན་གར་ཡང་ཐོགས་མེད〔2〕་ཅིང་།

འདོད་དགུར་བསྒྱུར་བའི་གཟུགས་ཅན་འཕྲུལ་མོ་ཆེ།

ཕྲ་མེན་ཆེན་མོ〔3〕་བརྒྱད་ལ་ཕྱག་འཚལ་ལོ།

སྒོ་མ་སྔོན་མོ་ལྕགས〔4〕་ཀྱུ་འཛིན། རྟའི〔5〕་དབུ་ལ་ཕྱག་འཚལ་ལོ།

སྒོ་མ་ནག་མོ་ཞགས་པ་འཛིན། ཕག〔6〕་གི་དབུ་ལ་ཕྱག〔7〕་འཚལ་ལོ།

སྒོ་མ་དམར་མོ་ལྕགས་སྒྲོག〔8〕་འཛིན〔9〕། སེང་གེའི〔10〕་དབུ་ལ་ཕྱག་འཚལ་ལོ།

སྒོ་མ་ལྗང་གུ〔11〕་དྲིལ་བུ་འཛིན། སྤྱང་ཀི〔12〕་དབུ་ལ་ཕྱག་འཚལ་ལོ།

རྡོ་རྗེ་གདོང་མོ〔13〕་ཕོ་ཉ་མགྱོགས་མ་བཞི།

ཤར་ལྷོ་ནུབ་བྱང་སྒོ་བཞི〔14〕་ཐུབ་པར་བསྲུང〔15〕་།

---

〔1〕 C D ནམཁའི。

〔2〕 B 保留了古藏文的拼写:ཐོགས་མྱེད。

〔3〕 A ཕྲ་མེན་མོ。

〔4〕 C ལྕག。

〔5〕 D E རྟ་ཡི。

〔6〕 C འཕག。

〔7〕 A 漏掉ཕྱག。

〔8〕 C ལྕགསྒྲོག。

〔9〕 E སྡོམ。

〔10〕 C སེངྒེ。

〔11〕 A D མོ,C ནག。

〔12〕 A B D མོའི,C ཕྱང་མའི,E ཀེའི。

〔13〕 A སྡོང་མོ,B སྡོན་མོ。

〔14〕 C ཞི。

〔15〕 B སྲུང,C བསྲུངས。

སྒོ་སྐྱོང་བྲོ〔1〕་མོ་བཞི་ལ་ཕྱག་འཚལ་ལོ།།

རྣལ་འབྱོར〔2〕་དམར་སེར〔3〕་ཏྲི་ཤུལ〔4〕་འཛིན། གཡག་མགོ〔5〕་ཅན་ལ་ཕྱག་འཚལ་ལོ།

རྣལ་འབྱོར་དམར་སྐྱ〔6〕་རྩེ་ལྕེ་འཛིན། སྤྲེལ་མགོ་ཅན་ལ་ཕྱག་འཚལ་ལོ།

རྣལ་འབྱོར་སེར་ནག་དབྱུག་བསྡིགས〔7〕་འཛིན། གཟིག〔8〕་མགོ་ཅན་ལ་ཕྱག་འཚལ་ལོ།

རྣལ་འབྱོར་དཀར་དམར་དུང་དམར་འཛིན། སྲེ〔9〕་མོའི་མགོ་ཅན〔10〕་ཕྱག་འཚལ་ལོ།

རྣལ་འབྱོར་སེར་མོ་འཁོར་ལོ་འཛིན། ཕ་ཝང〔11〕་མགོ་ཅན〔12〕་ཕྱག་འཚལ་ལོ།

རྣལ་འབྱོར་དམར་སྐྱ་བམ་དབྱུག་འཛིན། དྲེད་ཀྱི་མགོ་ཅན〔13〕་ཕྱག་འཚལ་ལོ།

རྣལ་འབྱོར་དམར་མོ་རྒྱུ་ཞགས〔14〕་འཛིན། དོམ་མགོ་ཅན〔15〕་ལ་ཕྱག་འཚལ་ལོ།

རྣལ་འབྱོར་སྔོན་མོ་བུམ་པ་འཛིན། ཆུ་སྲིན་མགོ་ཅན〔16〕་ཕྱག་འཚལ་ལོ།

---

〔1〕 C ཁྲོ。

〔2〕 B 保留了古藏文的拼写：རྣལ་འབྱོརད。

〔3〕 E ནག。

〔4〕 A ཏྲི་ཤུལ，B གྲི་ཤུལ，C ཏ་རི་ཤུལ，E ཏྲི་ཤུལ。

〔5〕 B འགོ，C སྒོ。

〔6〕 C ཀྱ，E སེར。

〔7〕 A C D E སྡིག。

〔8〕 A བཟིག。

〔9〕 A D ཟེར，B སྲེའ（原文如此），即：སྲེའུ。

〔10〕 C E ལ。

〔11〕 E ཝཾ。

〔12〕 C E ལ。

〔13〕 C ལ。

〔14〕 C ཞག。

〔15〕 C དོམ་གྱི་མགོ。

〔16〕 C E ལ。

རྣལ་འབྱོར་སྔོ་སྐྱ[1]་བན་དྷ[2]་འཛིན། སྡིག་མགོ་ཅན[3]་ལ་ཕྱག་འཚལ་ལོ།

རྣལ་འབྱོར་ནག་མོ་ཐོད་སྐོན་འཛིན། ཁྲ་མགོ་ཅན[4]་ལ་ཕྱག་འཚལ་ལོ།

རྣལ་འབྱོར་དམར་ནག་རྒྱུ་ཞགས[5]་འཛིན། ཝ་མགོ་ཅན[6]་ལ་ཕྱག་འཚལ་ལོ།

རྣལ་འབྱོར་ནག་མོ་བམ་ཆེན་འཛིན། སྟག་མགོ་ཅན[7]་ལ་ཕྱག་འཚལ་ལོ།

རྣལ་འབྱོར་དམར་མོ་ཁོག་ཆེན་འཛིན། བྱ་རྒོད་མགོ་ཅན[8]་ཕྱག་འཚལ་ལོ།

རྣལ་འབྱོར་དམར་ནག་རྡོར[9]་དབྱུག་འཛིན། ཏ་མགོ་ཅན[10]་ལ་ཕྱག་འཚལ་ལོ།

རྣལ་འབྱོར་དཀར[11]་དམར་ཧྣན་དྷ[12]་འཛིན། ཁྱུང་མགོ་ཅན་ལ་ཕྱག་འཚལ་ལོ[13]།

རྣལ་འབྱོར་དམར་སེར་ཁྱིས[14]་བམ་འཛིན། ཁྱི་མགོ་ཅན[15]་ལ་ཕྱག་འཚལ་ལོ།

---

〔1〕 C སྔོ་ཀྱ。

〔2〕 C བནྡྷ, D བན་དྷཱ, E བནྡྷ。

〔3〕 C E སྡིག་པའི་མགོ。

〔4〕 C ཁྲའི་མགོ。

〔5〕 C ཞག。

〔6〕 C ཝའི་མགོ。

〔7〕 C སྟག་གི་མགོ。

〔8〕 A བྱ་སྒོད་མགོ་ཅན, C རྒོད་ཀྱི་མགོ་ལ, E རྒོད་མགོ་ཅན་ལ, 原书写作བྱ་རྒོད་མགོ་ཅན་ལ。

〔9〕 C རྡོ。

〔10〕 C ཏའི་མགོ。

〔11〕 A བཀར。

〔12〕 A C བན་དྷ, D བན་དྷཱ, E བནྡྷ。

〔13〕 C ཁྱུང་གི་མགོ་ལ་འཚལ་ལོ。

〔14〕 C ཁྱི。

〔15〕 C ཁྱིའི་མགོ。

རྣལ་འབྱོར་དཀར་དམར་པདྨ་འཛིན། ཕུ〔1〕་ཤུད་མགོ་ཅན〔2〕་ཕྱག་འཚལ་ལོ།

རྣལ་འབྱོར་དམར〔3〕་སྐྱ〔4〕་བ་དན〔5〕་འཛིན། ཤ་བའི་མགོ་ཅན〔6〕་ཕྱག་འཚལ་ལོ།

རྣལ་འབྱོར་ལྗང་ནག་ཛེའུ〔7〕་ཆུང་འཛིན། སྤྱང་ཀིའི〔8〕་མགོ་ཅན〔9〕་ཕྱག་འཚལ་ལོ།

རྣལ་འབྱོར་དམར་སེར་མེ་སྒྲོན་འཛིན། སྐྱིན་མགོ་ཅན〔10〕་ལ་ཕྱག་འཚལ་ལོ།

རྣལ་འབྱོར་ལྗང་སེར་མཆེ〔11〕་བ་འཛིན། ཕག་མགོ་ཅན〔12〕་ལ་ཕྱག་འཚལ་ལོ།

རྣལ་འབྱོར་ལྗང་སྔོན་དུང་ཁྲག་འཛིན། ཁྭ་ཏའི་མགོ་ཅན〔13〕་ཕྱག་འཚལ་ལོ།

རྣལ་འབྱོར་ལྗང་དམར〔14〕་བམ་ཆེན〔15〕་འཛིན། བ་གླང་མགོ་ཅན〔16〕་ཕྱག་འཚལ་ལོ།

རྣལ་འབྱོར་ལྗང་ནག་བདུད་རྩི་འཐུང〔17〕་། སྦྲུལ་མགོ་ཅན〔18〕་ལ་ཕྱག་འཚལ་ལོ།

---

〔1〕 C E ཕྱུ。

〔2〕 C E ལ。

〔3〕 原书写作：འབྱོརད་མར。

〔4〕 C ཀྱུ。

〔5〕 E རྦནྡྷ。

〔6〕 C E ལ。

〔7〕 A D ཛེ。

〔8〕 A B C D སྨོའི。

〔9〕 C E ལ。

〔10〕 C ཀྱིན་གྱི་མགོ。

〔11〕 D ཆེ。

〔12〕 C ཕག་གི་མགོ。

〔13〕 C ཁ་ཏའི་མགོ་ལ，D ཁྲ་ཏའི་མགོ་ཅན，E ཁྭ་མགོ་ཅན་ལ。

〔14〕 E དམར་ལྗང。

〔15〕 A བན་དྷ，B རྦན་དྷ，D བན་དྷཱ。

〔16〕 C E ལ。

〔17〕 A B C D འཛིན。

〔18〕 A 及原书སྦྲུལ་མགོ་ཅན，C བྲུལ་གི་མགོ。

རྣལ་འབྱོར་ནག་མོ་ལྕགས〔1〕་ཀྱུ་འཛིན། ཁྱུ་བྱུག〔2〕་མགོ་ཅན〔3〕་ཕྱག་འཚལ་ལོ།

རྣལ་འབྱོར་སྔོན་མོ་ཞགས་པ་འཛིན། ར་མགོ་ཅན〔4〕་ལ་ཕྱག་འཚལ་ལོ།

རྣལ་འབྱོར་དམར་མོ་ལྕགས་སྒྲོག〔5〕་འཛིན〔6〕། སེང་མགོ་ཅན〔7〕་ལ་ཕྱག་འཚལ་ལོ།

རྣལ་འབྱོར་ལྗང་ནག་དྲིལ〔8〕་བུ་འཛིན། སྐྱ་ཀའི〔9〕་མགོ་ལ〔10〕་ཕྱག་འཚལ་ལོ།

དཔལ་གྱི་འཁོར་ཚོགས་བཛྲ་ཨ་ར་ལི།

མཁའ་ལ་ཤུགས་འགྲོ་མ་ཚོགས་དབང་ཕྱུག་མ།

རྣལ་འབྱོར་ཉི་ཤུ་བརྒྱད་ལ་ཕྱག་འཚལ་ལོ།།

（七）塔波寺题记〔11〕

{1} || ||སྤྲེའུའི་ལོ་ལ་སྔོན་མེས་བྱང་ཆུབ་སེམས་དཔས། གཙུག་ལག་ཁང་འདི་བཞེངས་ནས། ལོ་བཞི་བཅུ་རྩ་དྲུག་གི་འོག་ཏུ་དབོན་ལྷ་བཙུན་པ་བྱང་ཆུབ་འོད་ཀྱིས་བྱང་ཆུབ་ཀྱི་ཐུགས་སྔོན་ཏུ་འགྲོ་བས། གཙུག་ལག་ཁང་འདི་གསོའ་བ་མཛད་དེ། དེའི་བཀའ་རིན་པོ་ཆེས་བསྐུལ་བ་སྔོན་ཏུ་འགྲོ་བས་བདག་ཅག་སུག་[པ]ས་ ' ' '{2}' ' ' ་དེས་ན་དྲི་གཙང་ཁང་གི〔12〕་རི་མོ་ཟིནད་པ་ལ་དགེ་སློང་

---

〔1〕 C ལྕག。

〔2〕 A ཁྱུ་ཡུག,C ཁྱུ་དབྱུག。

〔3〕 C E ལ。

〔4〕 C རའི་མགོ 。

〔5〕 C ལྕག་སྒྲོག。

〔6〕 E སྡོམ。

〔7〕 C སེངྒེ་མགོ 。

〔8〕 C གྲིལ。

〔9〕 A D ཀྱེ་ཀའི, C སྐྱེ་ཁའི。

〔10〕 A ཅན。

〔11〕 译者注:根据［L. Petech and C. Luczanits (edited by), *Inscriptions from the Tabo Main Temple*, pp. 16－20］修改。

〔12〕 译者注:原书写作ཀི。

ཕེས(?)་ཁ་རྒྱ་བདག་ལོ་རྒྱུས་དང་བསྡོ་བ་བྱེད་པར་འདོད་པ་སྐྱེས[1]་ཏེ་བརྗོད་པ་ནི།།[2]

གང་ཞིག་ཐག་རིང་ལམ་གྱིས་དུབ་འགྱུར[3]་ཞིང་།།

གྲོགས་དང་མཛའ་པོ་དག་གིས་རྣམ་སྤངས་པའི།།

སྐྱེ་བོ་ཉོན་མོང[4]་ལྡང་མོ་པ་རྣམས་ལ།།

གཙུག་ལག་ཁང་མཛེས་འདི་ནི་བཞེང[ས]་་ ་།།

ལོ་རྒྱུས་ཙུང་[ཞི]ག[5]་{3}་ ་གྱིས་མཉནད་པར་གྱིས[6]།།།

ལྷའི་རིགས་འབྲུངས་བྱང་ཆུབ་སེམས་དཔའི་གདུང་[7]།།

ཤྲི་ཧྰི་ལྷས་མཛད་མགོའ་ནག་ཡོངས་ཀྱི་མགོན།།

ལྷན་ཅིག་སྐྱེས་པའི[8]་མཁྱེན་རབ་ཞུལ་བྱུང་བས།།

མ་རིག་མུན་པ་ཡེ་ཤེས་འོད་མཛད་དེས།།

འཁོར་བར་འགྲོརད་པར་གྱུརད་པའི་རྒྱལ་སྲིད་ལ།།

སྒྱུ་མ་ལྟ་བུར་གཟིགས་པ་སྟོན་འགྲོ་བས།།

མི་ཏོག་འཕྲེང་རྙིས་བཞིན་དུ་སྤངས[9]་ནས་ནི།།

{4} [རྒྱལ་སྲི]ད་[10]་ཐམས་ཅད་ཆོས་ཕྱིར་དབུལ་མཛད་དེ།།

---

〔1〕 译者注：原书将པ་སྐྱེས་写作བསྐྱེས。

〔2〕 接下来的为偈颂体，每行九个音节。

〔3〕 译者注：原书写作གྱུར。

〔4〕 ཉོན་མོངས。

〔5〕 译者注：原书写作གི，基字ཞ为译者所补。

〔6〕 译者注：原书写作མཉན་དཔལ་ཀྱི，图齐认为མཉན可能是命令语气ཉོན的误写。

〔7〕 译者注：原书写作དཔའ་གི。

〔8〕 译者注：原书写作སྐྱེ་བའི。

〔9〕 译者注：原书写作སངས。

〔10〕 译者注：原书写作དེ，རྒྱལ及基字ས为译者所补，图齐认为这一颂有问题，可能是：ཆོས་ཀྱི་ཕྱིར，或者དེ之前缺一个词。

མངའ་རིས་གདུལ་རྣམས་དཀར་པོར་འོངས་གྱུར་ནས།།

དཔལ་ལྡན་བཀྲའ་ཤིས[1]་བདེ་གནས་གཙུག་ལག་ཁང་།།

རྒྱལ་འཁམས་འདོའི་སྒྲོན་མར་འདིར་བཞེངས་སོ།།

སྐྱེས་མཆོག་དེའི་རིགས་རྒྱུད་དཔོན་ཉིད་ནི[2]།།

གང་ཞིག་བསླབ་པ་གསུམ་དང་ཡང་དག་ལྡན།།

ཤེས་རབ་ལྗོན་ཤིང་དད་པའི་རྩ་བ་ཟུག།

སྡེ་སྣོད་ {5} གསུམ་གྱི་མེ་ཏོག་འབྲས་བུ་རྒྱས།།

རྗེ་རྒྱལ[3]་ལྷ་བཙུན་བྱང་ཆུབ་འོད་དེ་ཡིས[4]།།

མེས་ཀྱིས་མཛད་པ་རྙིངས[5]་པར་གཟིགས་ནས་ནི།།

མཁན་བཟོའ་དུ་མ་སྟོགས་ཧེ་རྒྱ་སྒྱུར་ནས[6]།།

ཟབ་པའི་བཀའ་ཡིས[7]་བདག་ཅག་བསྐོས་ནས་ནི།།

ལེགས་པར་བྱི་དོར་བྱས་ནས་བཅོས་པ་ཡིན།། །།

དེ་ལྟར་དགེ་བའི་སེམས་ནི་སྔོན་འགྲོ་བས[8]།།

བདག་ཅག་རྣམས་ཀྱིས་འདི་བྱ་···ལས་··{6}

---

〔1〕 译者注:原书写作ཤི。

〔2〕 译者注:原书写作ནི。

〔3〕 译者注:原书写作རྣམ。

〔4〕 译者注:原书写作ཡི。

〔5〕 译者注:原书写作རྙེས,图齐改为རྙེས。

〔6〕 译者注:原书写作མཁན་བཟོ་འདུལ་སོགས་ཧེ་རྒྱ་སྒྱུར་ནས,图齐认为འདུལ应改为འདུས。

〔7〕 译者注:原书写作ཁལ་པའི་བཀའི་ཡིས,图齐认为བཀའི་ཡིས应改为བཀའ་ཡིས。

〔8〕 译者注:原书写作བ。

་་་གེ་་་སྨྱེད་རབ་དཀ[ར]་བླ་བའི་འོད〔1〕||

་་་ཀུནྡ〔2〕་ལྷར་དཀར་ལགས་པའི〔3〕||

བསོད་ནམས་དེ་ཡིས་ཡོན་བདག་དམ་པ་ནི〔4〕||

ཆོས་རྒྱལ་རྗེ་བཙུན་བྱང་ཆུབ་འོད་ལས་སྩོགས〔5〕||

འགྲོ་བ་ཀུན〔6〕་ཀྱིས〔7〕་སྐྱེ་བ་ཐམས་ཅད་དུ||

གདུལ་བྱ〔8〕་མ་ལུས་འདུནད〔9〕་པར་ནུས་པའི||

གཟུགས་མཆོག་མཚན་བཟངས་དུ་མས་རྣམ་སྤྲས་ཏེ||

སྐྱེ་བ་ཀུན་དུ〔10〕་བྱང་ཆུབ་སྤྱོད་སྤྱད་ཅིང་||

རིམ་གྱིས་བྱང་[ཆུབ]་{7} དམ་པར་བསྒྲོད་ཤོག〔11〕|| ||

གང་ཡང་་་་ལམ་ཅན་་་་པའི་་་ཡིད〔12〕||

---

〔1〕 译者注:原书写作དེ་དུས་སྨྱང་བདག་པ་བླ་མའི་འོད,ར为译者所加,图齐在注中说替他抄写题记的喇嘛就是这样写的,应为སྨྱང་འདས་པ,可能缩减了音节,སྨྱང是སྨྱ་ངན的缩写。

〔2〕 译者注:原书写作ཀུནད,图齐认为应为ཀུ་མུད,白莲花。

〔3〕 译者注:原书写作པའེ。

〔4〕 译者注:原书写作ནེ。

〔5〕 译者注:原书写作སོགས。

〔6〕 译者注:原书写作ཀུནད。

〔7〕 应为ཀྱི。

〔8〕 译者注:原书写作བ。

〔9〕 应为འདུལད。

〔10〕 译者注:原书缺དུ,图齐认为可能缺ལ或ན。

〔11〕 译者注:原书写作སྐྱེད་པར་ཤར。

〔12〕 译者注:原书写作གང་དག་གི。

བདེ་གཤེགས〔1〕་སྲས་བཅས་འགྲོ་བའི་མགོན་དེ་ཡི〔2〕།།
སྐུ་གཟུགས་མང་པོ་བྲིས་པ་འདི་དག〔3〕་ཀུན།།
[མ]ཐོང་བའམ་རེག་པའི〔4〕་ལྷད་མོ་པ་རྣམས་ཀྱང་།།
བསྐལད〔5〕་པ་བཟང་པོའི་བདེ་གཤེགས་སྲས་བཅས་ཀྱི〔6〕།།
མངོན་སུམ་ཞལ་མཐོང་གསུང་མཆོག་ཐོས་ནས་ནི།།
འཇིག་རྟེན་ཐམས་ཅད་ {8} ' ' ཚོའ་ལས།།
སྒྲོལ་པར་བྱེད་པའི་དེད་དཔོན་[ཡི]ད་སྨུནད་ཅིག〔7〕།། །། །།
དེ་ལྟར་དགེ་བ་གང་རྣམས་གཞན་ལ་གསྔོས་པ་ལས〔8〕།།
བསོད་ནམས་རྒྱ་ཆེ་ནམ་མཁའི〔9〕་གཏོང་མཉམ་གང་བྱུང་དེས།།
བདག་ཅག་གྲོགས་བཅས་ལས་སུ་གཏོགས་པའི་འཁོར་ཀུན་དག།
ཐོག་མ་མེད་ནས་དངོས་ཞེན་རྣམ་རྟོག་འཁྲུལད་པ་ཡིས།།
ང་རྒྱལ་དྲེགས〔10〕་པའི་རྩིག ' 'མཐོའ་བརྩེག་ནས {9} ' ' '
' ' ' མ་རིག་གཟིངས་པས་སྟེང་ནས ' 'པ་དང〔11〕་།།

〔1〕 译者注:原书写作བདག་གིས。

〔2〕 译者注:原书写作ཡི。

〔3〕 译者注:原书写作བྲི་བ་འདི。

〔4〕 译者注:原书写作རིག་པའི。

〔5〕 译者注:原书写作བསྐལ。

〔6〕 译者注:原书写作ཀྱི。

〔7〕 译者注:原书写作' ' 'ཚོལ་བཅས་པ། སྐྱོམ་པར་བྱེད་པའི་སྙེད་དཔོན' ' ',ཡིད的基字ཡ为译者所加,以下每行十一个音节。

〔8〕 译者注:原书写作བསྔོས་བ་ཡིས。

〔9〕 译者注:原书写作མཁའི。

〔10〕 喇嘛的抄写中有དྲེགས这个词,但它没有任何意义。

〔11〕 译者注:原书写作སྨུག་དགྲ་ཐོའ་བས་བསྟུ ' ' 'བས་དེ་གོ ' '

འདོད་ཆགས་ཞེ་སྡང་ཀ་གདུག་བརྟན་པར་བཙུགས་པའི།།
དེ་འདྲའི་ཁྲིམ་ནི་སྲིད་གསུམ[1]་འཁོར་བའི་སྙིང་ལྡན་ནས།།
ཡེ་ཤེས་བཤན་མངའ་ཐུགས་རྗེ་ཆེན་པོའི་ཕྱག་རིང་བས།།
བདག་ཅག་སྒྱུར་བ་སྒྱུར་བར་དྲང་པ་མཛད་ནས་ནི།།
ཁྱེད་ཀྱིས་· · ·མ་པའི[2]་དོན་སེམས་ཁང་ཁྲིམ་མཆོག· ·
{10}· · ·བདེ་བའི· · ·སྐྱན་ལེགས་པར· · ·།།[3]
བསམ་སྐྱན[4]་ཟས་དང· · ·གྲོལ[5]་བཅུད་པས་ངོམས་པ་དང་།།
ཕ་རོལད[6]་ཕྱིན་དུག་གྲོགས[7]་དང་རྟག་ཏུ་སྤྲད[8]་པར་ཤོག།
དེར་ནི་ཅི་དགར་འགོལ་བའི[9]་ཉོང་མོངས་བྲན་འགོལ་ཞིང་།།
རྣམ་ཐར་རྫིང་ལ་ཏིང་ངེ་འཛིན་གྱི་ཆུས་བཀང་སྟེ།།
· · ·དག་པད་མ་[རྒྱ]ས་པས་ཀུན་ནས· · {11}· · ·
· · ·བསམ་པ་དག་པ་བསྐྱནད་ཏུ་འཐུ· · ·ཤོག།
· · ·[ཁྲི]མས་དྲི· · · ·ནི།།[10]

---

〔1〕 译者注:原书遗漏。

〔2〕 也许为དམ་པའི。

〔3〕 译者注:原书遗漏此句。

〔4〕 显然应改为བསམ་གཏན。

〔5〕 译者注:原书写作གོས་དང。

〔6〕 译者注:原书写作ཕ་རོལ,图齐作注说抄本中为ཕན་ལང,并加了问号。

〔7〕 译者注:应改为དྲུག་གྲོགས,图齐作注认为是འདུག་གྲོགས,但在喇嘛的抄本中为གྲགས。

〔8〕 译者注:原书写作ཐད。

〔9〕 译者注:原书写作པའི。

〔10〕 译者注:原书写作· · ·པར་མ་སྐྱེས་པ་ཀུན་ན· · ·ཚུལ་ཁྲིམས· · ·།,རྒྱས中的元音ཨ以及ཁྲིམས中的下加字ར为译者所加,以下恢复为每行九个音节。

འཛམ་དང་ཁྲིལ་ཡོད〔1〕་གོས་ཀྱི་མཆོག་བགོས〔2〕་ཏེ།།

མཚན་དང་དཔེ་བྱད〔3〕་བཟང་པོས་ལེགས་བརྒྱནད་ཅིང〔4〕་།།

ཟླ་མེད་ཐེག་ཆེན་མངོན་ཤེས་བཞོན་པ་ལ།།

བྱང་ཆུབ་སེམས་ཀྱི་ཁ་ལོ་པ་ཡིས〔5〕་ནི།།

ཡན་ལག་བརྒྱད་ལྡན〔6〕····{12}···

སྨྲ་ངན་འདད··ཞི་དབྱེའི་དགོནད་པ་སྒྱུ།〔7〕

བྱང་ཆུབ་དཀྱིལ〔8〕་འཁོར་རྒྱལ་མཚན་བསྒྲེང་པར་ཤོག། །།

转　　写

（一）［般若波罗蜜多］写本题赞

don gnyis mthar phyin ston pa sangs rgyas dang//

sgrib gnyis mun sel skyob pa dam ba'i chos//

rigs grol gnyis ldan 'phags pa'i dge 'dun ste//

slu med dkon mchog gsum la phyag 'tshal lo//

snod kyi 'jig rten 'byung ba bzhi la rten//

bcud kyi sems can 'od gsal lha〔9〕nas 'chad//

---

〔1〕 译者注:原书写作ཡོང。

〔2〕 译者注:原书写作གོས。

〔3〕 译者注:原书写作བྱེད་。

〔4〕 译者注:原书写作རྒྱནད་ཅིང。

〔5〕 译者注:原书写作ཡི。

〔6〕 译者注:原书写作བརྒྱ་དང。

〔7〕 译者注:原书写作··ཞེས་བྱའི་མགོན་དུ།。

〔8〕 译者注:原书写作སེམས。

〔9〕 译者注:原书写作 lnga。

ga'u kha sbyor gnam sa gnyis kyi bar//
ri mtho sa gtsang spu rgyal bod kyi yul//
kha ba can ljongs dam chos dar ba'i sa//
dgra bcom bzhugs gnas ti se gangs kyi mgul//
chu bo 'ga' ga 'bab pa'i g. yon phyogs 'dir//
lha sras nyi ma'i dbang phyug khri lde yi//
sku mched skye dgu'i gtsug na rgyal gyur cig//
chos rgyal mnga' 'og zhang zhung yul gyi dbus//
dge bcu 'dzom pa'i lha yul khva rtse 'dir//
mi rigs khung btsun khri btsan rgyud du khrungs//
……………………………………………………

（二）［恶趣清净］写本题赞

gling gi mchog gyur lho'i 'dzam bu'i gling/
dgra bcom bzhugs gnas ti se gangs kyi mgul/
khyad par chu bo gang 'ga' 'bab pa'i g.yas phyogs 'dir/
'jig rten dbang phyug mi dbang pad dkar lde/
skye dgu'i gtsug na〔1〕phyogs las rgyal gyur cig/
chos rgyal mnga' 'og zhang zhung yul gyi dbus/
bde ba'i 'byung gnas dga' ldan lha yul 'dra/
gnas kyi mchog gyur rgyal sa bye gar du/

（三）［世间建立］写本题赞

……………………………………………………
stong gsum mi 'byed〔2〕lo ka mtha' med kyang/
gling bzhi bye ba khrag brgya skor ba'i nang/
ri rgyal lhun po'i lho'i phyogs kyi ngos/

〔1〕 写本:nas。
〔2〕 可能为:mi mjed。

'dzam bu tris shas[1] mtshon pas 'dzam bu'i gling/
ri mtho sa gtsang spur rgyal bod kyi yul/
ston pa chos gsungs rdo rje gdan gyi byang/
kha ba can ljongs dam chos dar ba'i gnas/
ti se mchod rten dgra bcom bzhugs pa'i gnas/
ma phang g.yu mtsho dngos grub khrus kyi rdzing/
e ma h'ao/
rin cen bzang po'i zhabs kyis bcags pa'i gnas/
blo bzang grags pa'i bstan pa dar ba'i gnas/
chu chen dal 'bab glang po kha 'bab 'gram/
cha'i g.yang ra zhang bzhung lha'i ljongs/
khyung rdzong spu mtho rin cen lhun po'i ngos/
dngos 'dod 'byung ba rin cen gser gyi gling/
yul la dge bcu ldan pa gnas bzhi byin/
mkhan slob ston pa mang ba dam chos dar/
gang bsam lhun grab sus mthong smon gnas tsab rang na/
gnam sa'i bdag po 'khri grags pa lde'i/
dbu rmog gtsan zhing chab srid rgya mtsho'i dpal/
dga' bde'i rlabs phreng rol pa mdzes pa'i sku/
chos rgyal de'i mnga' 'og na . . .

(四) 写本残片

thub pas 'dul ba'i zhing khams tshad med kyang/
rdo rje gdan[2] dngos gangs ri mtsho gsum nub/
sa phyogs nyams dga' gu ge lha'i yul/
rta dmag nyi khri'i bdag nyid lus rje grags lde'i mnga'/
dben gnas khyad 'phags dpal ldan seng rgyang 'dir/

---

〔1〕 可能为:vri kṣas?
〔2〕 写本:bdan。

（五）普明曼荼罗[1]

dbus kyi gdan gyi steng du/ skad cig gis bcom ldan 'das kun rig rnam par snang mdzad sku mdog dkar po/ zhal bzhi dkar ba/ rtsa zhal shar du gzigs pa/ phyag gnyis ting nge 'dzin gyi phyag rgya can/ zhabs rdo rje skyil mo krung gis bzhugs ba/ shar du sbyong ba'i rgyal po dkar la cung zad dmar ba ting nge 'dzin gyi phyag rgyas bzhugs pa/ lhor rgyal mchog rin chen sngon po/ g.yas mchog sbyin g.yon ting nge 'dzin gyi phyag rgya can/ nub tu shākya rigs dbang ser po chos 'chad kyi phyag rgya can/ byang du me tog cher rgyas ljang gu g.yas skyabs sbyin/ g.yon ting nge 'dzin gyi phyag rgya can/ thams cad kyang rin po che'i rgyan dang/ dar gyi na bza' can/ rdo rje skyil mo krung gis bzhugs pa/ 'khor lo sgyur ba'i cha lugs can no//

shar lhor spyan ma dkar mo g.yas pa spyan gyis mtshan pa'i 'khor lo 'dzin pa/ lho nub tu m'a ma ki sngon mo g.yas rdo rje 'dzin pa/ nub byang du gos dkar mo dmar mo g.yas padma 'dzin pa/ byang shar du sgrol ma ljang gu g.yas utpa la 'dzin pa/ bzhi ka'ang phyag g.yon gdan la brten cing/ sems dpa'i skyil mo krung gis bzhugs pa/ sgeg cing chags pa'i nyams dang ldan zhing/ nu 'bur zung gis mdzes pa'o//

de'i phyi rol gyi shar gyi gdan bzhi la/ rdo rje semas dpa' dgar po rdo rje dril bu 'dzin pa/ ro rje rgyal po ser po lcags gyu 'dzin pa/ rdo rje chags pa dmar po mda' gzhu dzin pa/ rdo rje legs pa ljang gu rdo rje se gol gyis legs so ster ba'o//

lho'i gdan bzhi la/ rdo rje rin chen ser po g.yas rin po che dpral bar 'jog cing g.yon dril bu dkur 'dzin pa/ rdo rje gzi brjid dmar ser nyi ma'i dkyil 'khor 'dzin pa/ rdo rje rgyal mtshan nam mkha'i mdog can yid bzhin gyi rgyal mtshan 'dzin pa rdo rje bzhad pa dkar po so'i

[1] 译者注:*dpal kun rig gi cho ga gzhan phan mtha' yas dang de la nye bar mkho ba'i cho ga'i yan lag du ma bcas pa phyogs gcig tu bgyis pa kun rig gi cho ga gzhan phan lhun grub*［吉祥无边利他普明仪轨及多种必需仪轨合集・普明仪轨利他天成］,第 13 叶正面第 2 行至第 14 叶正面第 3 行。

'phreng ba 'dzin pa'o//

nub kyi gdan bzhi la/ rdo rje chos dkar la cung zad dmar ba g.yon padma 'dzin cing g.yas pa de'i kha 'byed pa rdo rje rnon po sngon po g.yas ral gri g.yon po ti 'dzin pa rdo rje rgyu ser po g.yas pa'i dung mo la 'khor lo rtsibs brgyad pa bskor zhing 'dzin pa/ rdo rje smra ma dmar po rdo rje'i ljags 'dzin pa'o//

byang gi gdan bzhi la/ rdo rje las sna tshogs mdo g.yas sna tshogs rdo rje/ g.yon des yu ba byas pa'i dril bu dkur 'dzin pa/ rdo rje bsrung ba ser po rdo rje'i go cha 'dzin pa/ rdo rje gnod sbyin nag po phyag gnyis kyis zhal gyi g.yas g.yon gyi thad kar mche ba 'dzin pa/ rdo rje khu tshur ser po rdo rje rtse lnga pa gnyis dam tshig gi khu tshur gyis 'dzin pa'o//

nang gi grva bzhi''i shar lhor sgeg mo dkar mo snyems pa'i tshul gyis rdo rje gnyis 'din pa/ lho nub tu phreng ba ma ser mo phyag gnyis kyis phreng ba 'dzin pa/ nub byang du glu ma dkar dmar pi wang 'dzin pa/ byang shar du gar ma ljang gu phyag gnyis kyis rdo rje rtse gsum pa 'dzin pas gar byed pa'o//

de'i phyi rol gyi grva bzhir/ shar lhor bdug spos ma dkar mo bdug spos 'dzin pa/ lho nub tu me tog ma ser mo me tog gi za ma tog 'dzin pa/ nub byang du mar me ma dmar skya mar me'e sdong bu 'dzin pa/ byang shar du dri chab ma ljang gu dri'i dung chos 'dzin pa'o//

shar du rdo rje lcags kyu dkar po lcags kyu 'dzin pa/ lhor rdo rje zhags pa ser po zhags pa 'dzin pa/ nub tu rdo rje lcags sgrog dmar po lcags sgrog 'dzin pa/ byang du rdo rje dril bu ljang gu dril bu 'dzin pa'o//

（六）地狱曼荼罗四十八佛母

khro mo sngon mo bam dbyug 'dzin/ gau ri ma[1] la phyag 'tshal

---

[1] A kai re ri ma, B kye ri ma, C ko'u ri ma, D kai ri ma, E kau r'i ma.

lo/ khro mo ser[1] mo mda' gzhu 'dzin/ tsau ri ma[2] la phyag 'tshal lo/ khro mo dmar mo chu srin 'dzin/ pra mo ha[3] la phyag 'tshal lo/ khro mo mthing[4] nag rdo rje 'dzin/ bai ta li[5] la phyag 'tshal lo/ khro mo dmar ser byis rgyu 'dren/ pu kka sī[6] la phyag 'tshal lo/ khro mo ljang gu[7] dung khrag 'thung/ gha sma rī[8] la phyag 'tshal lo/ khro mo nag mo byis snying za/ sma sha ni[9] la phyag 'tshal lo/ khro mo ser skya[10] mgo lus 'phral[11]/ tsaṇ ḍa lī[12] la phyag 'tshal lo/ bskal pa[13] me ltar 'bar ba'i klong[14] dkyil na/ ye[15] shes sku mchog 'jigs byed[16] rgyan gyis bzhugs[17]/ khro mo chen mo brgyad la phyag 'tshal lo// sing ha[18] kha[19] ro bsnol[20] ser seng[21]/ seng ge'i[22] dbu[23] la phyag 'tshal lo/ byā ghri[24]

---

〔1〕 A gser mo.
〔2〕 A rtso ri ma, B rtse ri ma, C tso'u ri ma, D ts'o ri ma, E tsau rī ma.
〔3〕 E hā.
〔4〕 A thing, B D 'thing.
〔5〕 A D p'e ta li, B phe ta li, C pe ta li, E bai tālī, 原书写作 bai tha li.
〔6〕 A D pu kka si, B pu ka si.
〔7〕 A B C D ljang khu.
〔8〕 A gha smā ri, B C gha ma ri, D kasmā ri.
〔9〕 C F sme sha ni, E sme sha nī.
〔10〕 C kya.
〔11〕 A mchog lus 'brel, C chog lus brel, D mchog lus 'drel, E mgo lus phral.
〔12〕 A tsan Da li, B tsan dha la, C tsanḍa li, D tsaṇḍa li, E tsaṇḍa lī.
〔13〕 C pa'i.
〔14〕 C glong.
〔15〕 C yi.
〔16〕 C 'jigs.
〔17〕 A bzhug, B brgyan.
〔18〕 B seng nga, C sing nga, E siṃ ha.
〔19〕 C khra.
〔20〕 A snol.
〔21〕 B seng seng, C seng ser.
〔22〕 C sengge'i.
〔23〕 B dbul la.
〔24〕 A bya gri, B D bya kri, C bya grI.

mnan[1] lta[2] bsnol[3] dmar stag[4]/ stag gi dbu la phyag 'tshal lo/ sri[5] la nag mo byis bldag[6] wa/ wa'i[7] dbu la phyag 'tshal lo/ shva na[8] 'dral[9] lta mthing kha[10] spyang[11]/ spyang ki'i[12] dbu la phyag 'tshal lo/ gri ḍha 'dren[13] dmar rgyu 'dren[14] rgod/ bya rgod dbu[15] la phyag 'tshal lo/ kang[16] ka zhing[17] phrag snar mgo ring/ dur bya'i dbu la phyag 'tshal lo[18]/ kh'a kha khar[19] ro ban[20] gri nag[21]/ bya rog dbu la phyag 'tshal lo/ a'u lu[22] lcags kyu[23] mthing tshogs[24] 'ug/ 'ug pa'i dbu la phyag 'tshal lo/ nam mkha'i[25] lus can gar yang thogs med[26] cing/ 'dod dgur bsgyur pa'i gzugs can

---

[1] A B D gnas, C sna.
[2] A D blta.
[3] A D snol.
[4] A ltag.
[5] E s'I.
[6] B stag, C E ldag.
[7] D E wa yi.
[8] A C D sho.
[9] A D dral, C dgra.
[10] A B D 'thing ka, E mthing nag.
[11] C pyang.
[12] A D spyang mo'i, C pyang ma'i.
[13] A B D kri ta gri, C kri ta mgrin, E krī ḍha 'dren.
[14] A C D rgyu mgo, B rgyu 'go.
[15] E mgo.
[16] A rkang, B kang, C kaṃ.
[17] D rkang.
[18] D 'tshalo.
[19] A D khva kha khas, B khā kha ka, C kha kha kha.
[20] A D bam, E bhan.
[21] A D gnag.
[22] A B C D hu lu.
[23] C rdo dbyug, E rdor kyu.
[24] D 'thing 'tshogs.
[25] C D namkha'i.
[26] B 保留了古藏文的拼写:thogs myed.

'phrul mo che/ phra men chen[1] mo brgyad la phyag 'tshal lo/ sgo ma sngon mo lcags[2] kyu 'dzin/ rta'i[3] dbu la phyag 'tshal lo/ sgo ma nag mo zhags pa 'dzin/ phag[4] gi dbu la phyag[5] 'tshal lo/ sgo ma dmar mo lcags sgrog[6] 'dzin[7]/ seng ge'i[8] dbu la phyag 'tshal lo/ sgo ma ljang gu[9] dril bu 'dzin/ spyang ki[10] dbu la phyag 'tshal lo/ rdo rje gdong mo[11] pho nya mgyogs ma bzhi/ shar lho nub byang sgo bzhi[12] thub par bsrung[13]/ sgo skyong khro[14] mo bzhi la phyag 'tshal lo// rnal 'byor[15] dmar ser[16] tri shul[17] 'dzin/ g.yag mgo[18] can la phyag 'tshal lo/ rnal 'byor dmar skya[19] rtse lnga 'dzin/ sbrul mgo can la phyag 'tshal lo/ rnal 'byor ser nag dbyug bsdigs[20] 'dzin/ gzig[21] mgo can la phyag 'tshal lo/ rnal 'byor dkar dmar dung dmar 'dzin/ sre[22] mo'i mgo can[23] phyag 'tshal lo/ rnal

---

[1] A phra men mo.
[2] C lcag.
[3] D E rta yi.
[4] C 'phag.
[5] A 漏掉 phyag.
[6] C lcagsgrog.
[7] E sdom.
[8] C sengge.
[9] A D mo, C nag.
[10] A B D mo'i, C pyang ma'i, E ki'i.
[11] A sdong mo, B sngon mo.
[12] C zhi.
[13] B srung, C bsrungs.
[14] C phro.
[15] B rnal 'byord.
[16] E nag.
[17] A hri shul, B kri shul, C ta ri shul, E tri shūl.
[18] B 'go, C sgo.
[19] C kya, E ser.
[20] A C D E sdig.
[21] A bzig.
[22] A D zer, B spre' spre'u.
[23] C E la.

'byor ser mo 'khor lo 'dzin／ pha wang[1] mgo can[2] phyag 'tshal lo／ rnal 'byor dmar skya bam dbyug ' dzin／ dred kyi mgo can[3] phyag 'tshal lo／ rnal 'byor dmar mo rgyu zhags[4] 'dzin／ dom mgo can[5] la phyag 'tshal lo／ rnal 'byor sngon mo bum pa ' dzin／ chu srin mgo can[6] phyag 'tshal lo／ rnal 'byor sngo skya[7] ban dha[8] 'dzin／ sdig mgo can[9] la phyag 'tshal lo／ rnal 'byor nag mo thod rlon 'dzin／ khra mgo can[10] la phyag 'tshal lo／ rnal 'byor dmar nag rgyu zhags[11] 'dzin／ wa mgo can[12] la phyag 'tshal lo／ rnal 'byor nag mo bam chen 'dzin／ stag mgo can[13] la phyag 'tshal lo／ rnal 'byor dmar mo khog chen 'dzin／ bya rgod mgo can[14] phyag 'tshal lo／ rnal 'byor dmar nag rdor[15] dbyug 'dzin／ rta mgo can[16] la phyag 'tshal lo／ rnal 'byor dkar[17] dmar bhan dha[18] 'dzin／ khyung mgo can la phyag 'tshal lo[19]／ rnal 'byor dmar ser byis[20] bam ' dzin／ khyi

---

〔1〕 E waṃ.
〔2〕 C E la.
〔3〕 C la.
〔4〕 C zhag.
〔5〕 C dom gyi mgo.
〔6〕 C E la.
〔7〕 C sngo kya.
〔8〕 C punḍa, D ban dhā, E buṇḍa.
〔9〕 C E sdig pa'i mgo.
〔10〕 C khra'i mgo.
〔11〕 C zhag.
〔12〕 C wa'i mgo.
〔13〕 C stag gi mgo.
〔14〕 A bya sgod mgo can, C rgod kyi mgo la, E rgod mgo can la, 原书写作 bya rgod mgo can la.
〔15〕 C rdo.
〔16〕 C rta'i mgo.
〔17〕 A bkar.
〔18〕 A C ban dha, D ban dh'a, E bha ndha.
〔19〕 C khyung gi mgo la 'tshal lo.
〔20〕 C byi.

mgo can[1] la phyag 'tshal lo/ rnal 'byor dkar dmar padma 'dzin/ phu[2] shud mgo can[3] phyag 'tshal lo/ rnal 'byor dmar[4] skya[5] ba dan[6] 'dzin/ sha ba'i mgo can[7] phyag 'tshal lo/ rnal 'byor ljang nag rnge'u[8] chung 'dzin/ spyang ki'i[9] mgo can[10] phyag 'tshal lo/ rnal 'byor dmar ser me sgron 'dzin/ skyin mgo can[11] la phyag 'tshal lo/ rnal 'byor ljang ser mche[12] ba 'dzin/ phag mgo can[13] la phyag 'tshal lo/ rnal 'byor ljang sngon dung khrag 'dzin/ khva ta'i mgo can[14] phyag 'tshal lo/ rnal 'byor ljang dmar[15] bam chen[16] 'dzin/ ba glang mgo can[17] phyag 'tshal lo/ rnal 'byor ljang nag bdud rtsi 'thung[18]/ sbrul mgo can[19] la phyag 'tshal lo/ rnal 'byor nag mo lcags[20] kyu 'dzin/ khu byug[21] mgo can[22] phyag 'tshal lo/ rnal 'byor sngon mo zhags pa 'dzin/ ra mgo can[23] la phyag 'tshal lo/ rnal

---

[1] C khyi'i mgo.
[2] C E pu.
[3] C E la.
[4] 原书写作 'byord mar.
[5] C kya.
[6] E bha ndha.
[7] C E la.
[8] A D rnge.
[9] A B C D mo'i.
[10] C E la.
[11] C kyin gyi mgo.
[12] D che.
[13] C phag gi mgo.
[14] C kha ta'i mgo la，D khra ta'i mgo can，E khva mgo can la.
[15] E dmar ljang.
[16] A ban dha，B bhan dha，D ban dh'a.
[17] C E la.
[18] A B C D 'dzin.
[19] A 及原书 sprul mgo can，C brul gi mgo.
[20] C lcag.
[21] A khu yug，C khu dbyug.
[22] C E la.
[23] C ra'i mgo.

'byor dmar mo lcags sgrog[1] 'dzin[2]/ seng mgo can[3] la phyag 'tshal lo/ rnal 'byor ljang nag dril[4] bu 'dzin/ skya ka'i[5] mgo la[6] phyag 'tshal lo/ dpal gyi 'khor tshogs bdzra a ra li/ mkha' la shugs 'gro ma tshogs dbang phyag ma/ rnal 'byor nyi shu brgyad la phyag 'tshal lo//

（七）塔波寺题记[7]

{1}// //spre'u'i lo la sngon mes byang chub sems dpas/ gtsug lag khang 'di bzhengs nas/ lo bzhi bcu rtsa drug gi 'og tu dbon lha btsun pa byang chub 'od kyis byang chub kyi thugs sngon tu 'gro bas/ gtsug lag khang 'di gso' ba mdzad de/ de'i bka' rin po ches bskul ba sngon tu 'gro bas bdag cag sug [pa] sa ... {2} ... des na dri gtsang khang gI[8] ri mo zind pa la dge slong phes (?) kha rgyu bdag lo rgyus dang bsngo ba byed par 'dod pa skyes[9] te brjod pa ni//

gang zhig thag ring lam gyis dub 'gyur[10] zhing//
grogs dang mdza' po dag gis rnam spangs pa'i//
skye bo nyon mong ltad mo pa rnams la//
gtsug lag khang mdzes 'di ni bzheng[s]... //
lo rgyus cung [zh]ig[11]{3} ...gyis mnyand par gyis[12]//

---

[1] C lcag sgrog.
[2] E sdom.
[3] C sengge mgo.
[4] C gril.
[5] A D kye ka'i, C skye kha'i.
[6] A can.
[7] 译者注：根据［L. Petech and C. Luczanits (edited by), *Inscriptions from the Tabo Main Temple*, pp. 16－20］修改。
[8] 译者注：原书写作 gi。
[9] 译者注：原书将 pa skyes 写作 bskyes。
[10] 译者注：原书写作 gyur。
[11] 译者注：原书写作 gi, 基字 zh 为译者所补。
[12] 译者注：原书写作 mnyan dal kyi, 图齐认为 mnyan 可能是命令语气 nyon 的误写。

lha'i rigs 'khrungs byang chub sems dpa'i gdung[1]//
myi rje lhas mdzad mgo' nag yongs kyi mgon//
lhan cig skyes pa'i[2] mkhyen rab phul byung bas//
ma rIg mun pa ye shes 'od mdzad des//
'khor bar 'byord par gyurd pa'i rgyal srid la//
sgyu ma lta bur gzigs pa sngon 'gro bas//
me tog 'phreng rnyis bzhin du spangs[3] nas ni//
{4} [rgyal s]rid[4] thams cad chos phyir dbul mdzad de//
mnga' ris gdul rnams dkar por 'ongs gyurd nas//
dpal ldan bkra' shIs[5] bde gnas gtsug lag khang//
rgyal 'khams 'dI'i sgron mar 'dir bzhengs so//
skyes mchog de'i rigs rgyud dbon nyid nI[6]//
gang zhig bslab pa gsum dang yang dag ldan//
shes rab ljon shing dad pa'i rtsa ba zug//
sde snod {5} gsum gyi mye tog 'bras bu rgyas//
rje rgyal[7] lha btsun byang chub 'od de yis[8]//
mes kyis mdzad pa rnyings[9] par gzigs nas ni//
mkhan bzo' du ma stsogs te rgyu sbyar nas[10]//
zab pa'i bka' yIs[11] bdag cag bskos nas ni//
legs par byi dor byas nas bcos pa yin// //

---

〔1〕 译者注：原书写作 dpa' gi。
〔2〕 译者注：原书写作 skye ba'i。
〔3〕 译者注：原书写作 sangs。
〔4〕 译者注：原书写作 de, rgyal 及基字 s 为译者所补，图齐认为这一颂有问题，可能是：chos kyi phyir, 或者 de 之前缺一个词。
〔5〕 译者注：原书写作 shI。
〔6〕 译者注：原书写作 ni。
〔7〕 译者注：原书写作 rnam。
〔8〕 译者注：原书写作 yi。
〔9〕 译者注：原书写作 rnyes, 图齐改为 rnyis。
〔10〕 译者注：原书写作 mkhan bzo 'dul sogs te rgyu spyar nas, 图齐认为 'dul 应改为 'dus。
〔11〕 译者注：原书写作 khal pa'i bka'I yis, 图齐认为 bka'I yis 应改为bka' yis。

de ltar dge ba'i sems ni sngon 'gro bas[1]//
bdag cag rnams kyis 'di bya . . . las . . . {6}
. . . ge . . . myed rab dka[r] zla ba'i 'od[2]//
kundha[3] ltar dkar lags pa'I[4]//
bsod nams de yis yon bdag dam pa nI[5]//
chos rgyal rje btsun byang chub 'od las stsogs[6]//
'gro ba kun[7] kyis[8] skye ba thams cad du//
gdul bya[9] ma lus 'dund[10] par nus pa'i//
gzugs mchog mtshan bzangs du mas rnam spras te//
skye ba kun du[11] byang chub spyod spyad cing//
rim gyis byang [chub] {7} dam par bsgrod shog[12]// //
gang yang . . . lam can . . . pa'I . . yid//[13]
bde gshegs[14] sras bcas 'gro ba'i mgon de yI[15]//
sku gzugs mang po bris pa 'dI dag[16] kun//
[m]thong ba'am reg pa'I[17] ltad mo pa rnams kyang//

[1] 译者注:原书写作 ba。
[2] 译者注:原书写作 de dus myang bdag pa bla ma'i 'od, r 为译者所加,图齐在注中说替他抄写题记的喇嘛就是这样写的,应为 myang 'das pa, 可能缩减了音节,myang 是 mya ngn 的缩写。
[3] 译者注:原书写作 kund, 图齐认为应为 ku mud, 白莲花。
[4] 译者注:原书写作 pa'i。
[5] 译者注:原书写作 ni。
[6] 译者注:原书写作 sogs。
[7] 译者注:原书写作 kund。
[8] 应为 kyi。
[9] 译者注:原书写作 ba。
[10] 应为 'duld。
[11] 译者注:原书缺 du, 图齐认为可能缺 la 或 na。
[12] 译者注:原书写作 skyed par shar。
[13] 译者注:原书写作 gang dag gi。
[14] 译者注:原书写作 bdag gis。
[15] 译者注:原书写作 yi。
[16] 译者注:原书写作 bri ba 'di。
[17] 译者注:原书写作 rig pa'i。

bskald〔1〕pa bzang po'i bde gshegs sras bcas kyI〔2〕//
mngon sum zhal mthong gsung mchog thos nas ni//
'jig rten thams cad {8} . . . tsho' las//
sgrol par byed pa'i ded dbon [y]id stund cog〔3〕// // //
de ltar dge ba gang rnams gzhan la gsngos pa las〔4〕//
bsod nams rgya che nam mkha'I〔5〕gtong mnyam gang byung des//
bdag cag grogs bcas las su gtogs pa'i 'khor kun dag//
thog ma myed nas dngos zhen rnam rtog 'khruld pa yis//
nga rgyal dregs〔6〕pa'i rtsig . . . mtho' brtseg nas {9} . . .
. . . ma rig gzings pas steng nas . . . pa dang〔7〕//
'dod chags zhe sdang ka gdug brtan par btsugs pa'i//
de 'dra'i khyim ni srid gsum〔8〕'khor ba'i mying ldan nas//
ye shes bshan mnga' thugs rje chen po'i phyag ring bas//
bdag cag myur ba myur bar drang pa mdzad nas ni//
khyed kyis . . . ma pa'i〔9〕don sems khang khyim mchog . . .
{10} . . . bde ba'I . . . stan legs par . . .〔10〕//
bsam stan〔11〕zas dang . . . grol〔12〕btung pas ngoms pa dang//
pha rold〔13〕phyin dug grogs〔14〕dang rtag tu sprad〔15〕par shog//

---

〔1〕 译者注：原书写作 bskal。

〔2〕 译者注：原书写作 kyi。

〔3〕 译者注：原书写作. . . tshol bcas pa, snyom par byed pa'i sded dbon . . . , yid 的基字 y 为译者所加，以下每行十一个音节。

〔4〕 译者注：原书写作 bsngos ba yis。

〔5〕 译者注：原书写作 mkha'i。

〔6〕 喇嘛的抄写中有 drigs 这个词，但它没有任何意义。

〔7〕 译者注：原书写作 stsag dgra tho' bas bstsa . . . bas de g . . .

〔8〕 译者注：原书遗漏。

〔9〕 也许为 dam pa'i。

〔10〕 译者注：原书遗漏此句。

〔11〕 显然应改为 bsam gtan。

〔12〕 译者注：原书写作 gos dang。

〔13〕 译者注：原书写作 pha rol, 图齐作注说抄本中为 phan lang, 并加了问号。

〔14〕 译者注：应改为 drug grogs, 图齐作注认为是 'dug grogs, 但在喇嘛的抄本中为 grags。

〔15〕 译者注：原书写作 phrad。

der ni ci dgar 'khol ba'i[1] nyong mongs bran 'khol zhing//
rnam thar rdzing la ting nge 'dzind kyi chus bkang ste//
. . . dag pad ma rgy[a]s pas kun nas . . . {11} . . .
. . . bsam pa dag pa bstand tu 'khru . . . shog//
. . kh[r]Ims dri . . . nI[2]//
'dzem dang khrel yod[3] gob kyi mchog bgos[4] te//
mtshan dang dpe byad[5] bzang pos legs brgyand cIng[6]//
bla myed theg chen mngon shes bzhon pa la//
byang chub sems kyi kha lo pa yis[7] ni//
yan lag brgyad ldan[8]. . . {12} . . .
mya ngan 'da. . zhI dbye'i dgond pa ru[9]//
byang chub dkyil[10] 'khor rgyal mtshan bsgreng par shog// //

译　文

（一）［般若波罗蜜多］写本题赞[11]

究竟二利导师释迦佛，驱散二障救度之正法，
具足二种解脱之圣僧，向此无诳三宝作顶礼！
器之世间依于四大种，情之众生由光音天生，

---

〔1〕 译者注：原书写作 pa'i。
〔2〕 译者注：原书写作. . . par ma skyes pa kun na . . . tshul khrims . . . ,rgyas 中的元音 a 以及 khrIms 中的下加字 r 为译者所加，以下恢复为每行九个音节。
〔3〕 译者注：原书写作 yong。
〔4〕 译者注：原书写作 gos。
〔5〕 译者注：原书写作 byed。
〔6〕 译者注：原书写作 rgyand cing。
〔7〕 译者注：原书写作 yi。
〔8〕 译者注：原书写作 brgya dang。
〔9〕 译者注：原书写作. . . zhes bya'i mgon du。
〔10〕 译者注：原书写作 sems。
〔11〕 一般而言，题赞为偈颂体，每行九个音节。

嘎乌口合天地两者间，山高地净悉补野蕃域，
卡瓦金区正法弘传地，罗汉住地底斯雪山腰，
殑伽大河流出之左岸，天子尼玛旺秋赤德之，
昆仲众生顶髻愿得胜！法王治下象雄域中央，
十善齐聚神域此卡孜，高贵种姓赤赞世系出。

（二）［恶趣清净］写本题赞

洲中最胜南方阎浮提，罗汉住地冈底斯之颈，
殊胜恒河流出之右岸，世间自在人主白噶德，
一切众生顶髻愿全胜！法王治下象雄域中央，
安乐生处如兜率神域，于此切噶国都最胜地。

（三）［世间建立］写本题赞

三千娑婆世界虽无边，百千俱胝四洲环绕中，
妙高山王南面之方向，赡部树所名之赡部洲，
山高地净悉补野蕃域，导师说法金刚座之北，
卡瓦金区正法弘传处，底斯佛塔罗汉居住地，
玛旁雍措沐浴成就池，
嗟呼！
仁钦桑波足所践履处，洛桑札巴教法弘传地，
大水缓流象泉河之畔，福运昌隆象雄神之域，
琼宗布托仁钦伦布旁，出生妙欲宝贝黄金洲，
地域具足十善受加持，众多堪布洛本弘正法，
于此一切意乐天成之，孰见均为愿处扎布让，
天与地主赤札巴德之，权势坚固社稷如海瑞，
喜乐波鬘庄严殊妙身，法王治下……

（四）写本残片

能仁调伏境域虽无量，金刚座前雪山三湖西，
怡人地境古格神之域，两万骑兵之主札德治，
殊胜静地具瑞此森姜。

（五）普明曼荼罗[1]

于中心宝座之上，刹那（生起）世尊普明大日如来，身白色，四面亦为白色，主面东向，双手禅定印，双足金刚跏趺坐；东为清净王如来，白里微透红色，双手禅定印；南为宝生佛，身蓝色，右手施与愿印，左手禅定印；西为释迦种王佛，身黄色，双手转法轮印；北为花盛如来，身绿色，右手施无畏印，左手禅定印。诸佛均佩宝饰，帛衣，结金刚跏趺坐，为转法轮相。

东南为佛眼母，身白色，右手持有佛眼标识的法轮；西南为忙莽计母，身蓝色，右手持金刚杵；西北为白衣母，身红色，右手持莲花；东北为度母，身绿色，右手持青莲花。四（菩萨）均左手倚座，结萨埵跏趺坐，仪态娇媚，双乳优美。

在此之外，东面的四个宝座上（的菩萨）分别为：金刚萨埵，身白色，持金刚杵（和）铃；金刚王，身黄色，持钩；金刚爱，身红色，持弓（和）箭；金刚喜，身绿色，作金刚弹指状。

南面四个宝座上（的菩萨）分别为：金刚宝，身黄色，右手持宝置于前额，左手持铃置于体侧；金刚光，身金黄色，持日轮；金刚幢，身绀色，持如意幢；金刚笑，身白色，持牙鬘。

西面四个宝座上（的菩萨）分别为：金刚法，身粉红色，左手持莲花，右手作开启（莲瓣）势；金刚利，身蓝色，右手持利剑，左手持梵箧；金刚因，身黄色，右手中指旋转八辐法轮；金刚语，身红色，持金刚舌。

北面四个宝座上（的菩萨）分别为：金刚业，身杂色，右手持交杵金刚，左手持有柄铃置于体侧；金刚护，身黄色，持金刚铠；金刚药叉，身黑色，双手持伸出至脸左右的獠牙；金刚拳，身黄色，持两个五股金刚杵，并结誓言拳。

内部四院东南为（金刚）嬉女，身白色，姿势骄慢，持两个金刚杵；西南为（金刚）鬘女，身黄色，双手持鬘；西北为（金刚）歌女，身红

---

〔1〕 译者注：［吉祥无边利他普明仪轨及多种必需仪轨合集·普明仪轨利他天成］，第13叶正面第2行至第14叶正面第3行。

白色，持琵琶；东北为（金刚）舞女，身绿色，双手持三股金刚，并起舞。

在此之外的四院（菩萨）又分别为：东南为（金刚）烧香女，身白色，持香（炉）；西南为（金刚）花女，身黄色，持花篮；西北为（金刚）灯女，身浅红色，持灯；东北为（金刚）涂香女，身绿色，持盛有香水的小螺。

东为金刚钩，身白色，持钩；南为金刚索，身黄色，持索；西为金刚链，身红色，持链；北为金刚铃，身绿色，持铃。

（六）地狱曼荼罗四十八佛母

顶礼蓝色忿怒母，执持尸杖科日玛！
顶礼金色忿怒母，执持弓箭作日玛！
顶礼红色忿怒母，持摩竭（幢）哲莫哈！
顶礼深蓝忿怒母，执持金刚贝达利！
顶礼金黄忿怒母，执持尸肠布噶色！
顶礼绿色忿怒母，饮颅血者葛玛日！
顶礼黑色忿怒母，食尸心者玛夏尼！
顶礼淡黄忿怒母，分离头体赞扎利！
犹如劫火炽然坛城中，
殊胜慧身以怖畏而饰，
稽首八大忿怒之佛母！

顶礼黄色狮首母，口叼尸体交两手！
顶礼红色虎首母，耽耽逐逐交两手！
顶礼黑色狐首母，牝狐舔食死尸体！
顶礼蓝色狼首母，牝狼正做撕扯状！
顶礼红色鹫首母，牵引（尸）肠之母鹫！
顶礼红色雕首母，头长肩膀扛尸身！
顶礼黑色鸦首母，口叼尸头（手执）剑！
顶礼蓝色枭首母，鸱枭执持一铁钩！
具虚空身轻灵而无碍，

随心所欲色身幻化广，
于此八大魔女作顶礼！

顶礼护门马首母，执持铁钩身蓝色！
顶礼护门亥首母，执持罥索身黑色！
顶礼护门狮首母，执持铁链身红色！
顶礼护门狼首母，执持铃铛身绿色！
四位迅使金刚面天女，
善能护持东南西北门，
于四护门忿怒母顶礼！

顶礼金黄牦首母，持三叉戟瑜伽女！
顶礼淡红蛇首母，执持五股金刚杵！
顶礼黄黑豹首母，持杀威棒瑜伽女！
顶礼白红鼬首母，持血颅器瑜伽女！
顶礼黄色蝠首母，执持(法)轮瑜伽女！
顶礼浅红马熊首，执持尸杖瑜伽女！
顶礼红色熊首母，执持肠索瑜伽女！
顶礼蓝摩竭首母，执持(宝)瓶瑜伽女！
顶礼浅蓝蝎首母，执持颅器瑜伽女！
顶礼黑色隼首母，执持鲜颅瑜伽女！
顶礼暗红狐首母，执持肠索瑜伽女！
顶礼黑色虎首母，执持尸体瑜伽女！
顶礼红色鹫首母，执持尸躯瑜伽女！
顶礼暗红马首母，持金刚杖瑜伽女！
顶礼红白鹏首母，执持颅器瑜伽女！
顶礼金黄犬首母，执持尸体瑜伽女！
顶礼红白戴胜首，执持莲花瑜伽女！
顶礼淡红鹿首母，执持旌幡瑜伽女！
顶礼墨绿狼首母，执持小鼓瑜伽女！
顶礼金黄豲首母，执持灯火瑜伽女！

顶礼黄绿亥首母，执持长牙瑜伽女！
顶礼蓝绿鸦首母，持血颅器瑜伽女！
顶礼红绿牛首母，执持尸体瑜伽女！
顶礼墨绿蛇首母，饮食甘露瑜伽女！
顶礼黑杜鹃首母，执持铁钩瑜伽女！
顶礼蓝山羊首母，执持羂索瑜伽女！
顶礼红色狮首母，执持铁链瑜伽女！
顶礼墨绿鹊首母，执持铃铛瑜伽女！
吉祥属众金刚阿拉利，
往来天空女众自在母，
顶礼二十八位瑜伽女！

（七）塔波寺题记

{1} 猴年，先祖降秋赛贝建此祖拉康。四十六年后，侄拉尊巴降秋沃以菩提心为前行，对此祖拉康进行了修缮。遵其宝令，吾等……

{2} 因此内殿绘画结束后，比丘培喀举达心生记事和回向之意[1]，曰：

为诸长途漫道疲倦者，
及被同伴密友抛弃之，
睹见烦恼诸人此等者，
精美祖拉康此建立之，
简要记事请……

{3} 听。

天之种诞菩提萨埵裔，
神为人主黔首之怙主，
俱生智慧绝妙而殊胜，
放射慧光（驱）无明黑暗，
轮回相应所成之国政，

〔1〕 接下来的为偈颂体，每行九个音节。

由于视若幻象之前行，
犹如正萎花鬘而抛弃。
{4} 一切王政为法而奉献，
属地徒众变为白净后，
具瑞吉祥如意祖拉康，
（犹如）王境明灯建于此。
殊胜士夫种胤此贤侄，
真实具足三学之一切，[1]
深植般若树木之信根，
{5} 三藏犹如花朵果实盛。
君王拉尊降秋沃睹见，
其先祖之事业萎谢后，
召集众多匠师供资财，
甚深教敕任命吾等后，
善为打扫净化而改造。
如此善之心意为前行，
吾等诸位所作……业，
{6}-{7} ……无垢白净月之光，[2]
……犹如白净君陀花，[3]
由此福德此等贤施主，
法王至尊降秋沃等等，
一切有趣所生之一切，
无余所化能作艳羡之，
胜身以诸妙相而庄严，
一切生中行持菩提行，
渐次成就正善之菩提！
凡诸…具道…之…意，

---

〔1〕 三学指戒、定、慧。

〔2〕 译者注：图齐在此处的录文有误，他翻译为“彼时进入涅槃喇嘛沃”，并作注说喇嘛沃指拉喇嘛意希沃(lha bla ma ye shes ’od)。

〔3〕 白莲花。

如来众生怙主佛子随，
众多身像所绘此一切，
诸等或见或触之观者，
亦于贤劫如来及佛子，
亲见聆听殊胜教敕后，
一切世间
{8}（轮回）大海中，
能得解脱商主意随顺！〔1〕
如此一切诸善由为他回向，
广大福德虚空平等施中出，
吾等及友系著此业诸眷属，
由无始之执实分别惑乱故，
堆砌所成贡高我慢之高墙，
{9}纷乱无明（暗障）由上（覆盖）及，
贪欲嗔恚柱梁坚固建立之，
如此之家具有三有轮回名，
智慧正士用其大悲之长手，
疾疾速速牵引吾等（而出）后，
汝所教导正思殊胜之家屋，
{10}……安乐卧具善庄严，
餍足禅定之食以及解脱饮，
恒常得遇六波罗蜜之友伴！
于此驱使任意可驱烦恼奴，
解脱池中三摩地水而充满，
……繁盛莲花一切……
……清净心意教中而沐浴！
{11}……戒香水……〔2〕
身着知惭知愧上妙衣，
相与随好善而为庄严，

〔1〕 以下每行十一个音节。
〔2〕 恢复为每行九个音节。

乘坐无上大乘之神通，
菩提心为驾驭者此之，
具足八分支……
{12} 开启涅槃寂静寺院处，
愿竖菩提坛城之宝幢！

参考文献

Banerji, Rakhal D., *Eastern Indian School of Mediaeval Sculpture*, Delhi, Manager of Publications, 1933.

Beckh, Hermann, *Verzeichnis der tibetischen Handschriften der Königlichen Bibliothek zu Berlin*, Berlin, Behrend and Co., 1914, erste Abteilung (Kanjur [Bkah · hgyur]).

Bendall, Cecil, *Catalogue of the Buddhist Sanskrit Manuscripts in the University Library Cambridge*, Cambridge, Cambridge University Press, 1883.

Bernet Kempers, August J., "The Bronzes of Nālandā and Hindu-Javanese Art", *Bijdragen tot de Taal-, Land- en Volkenkunde van Nederlandsch-Indië*, 90, 1933, pp. 1-88, figs. 1-33 (reprint: Leiden, Late E. J. Brill, 1933).

Bhattacharya, Vidhushekhara and Giuseppe Tucci (edited by), *Madhyāntavibhāgasūtrabhāṣyaṭīkā of Sthiramati. Being a Sub-commentary on Vasubandhu's Bhāṣya on the Madhyāntavibhāgasūtra of Maitreyanātha*, Calcutta, The Baptist Mission Press, 1932.

Bhattacharyya, Benoytosh, *The Indian Buddhist Iconography Mainly Based on the Sādhanamālā and Other Cognate Tāntric Texts of Rituals*, Calcutta, Oxford University Press, 1924.

Bhattacharyya, Benoytosh (edited by), *Sādhanamālā*, Baroda, Oriental Institute, 1925-1928, 2 vols.

Sādhanamālā I = Bhattacharyya, Benoytosh (edited by), *Sādhanamālā*, Baroda, Oriental Institute, 1925, vol. I.

Sādhanamālā II = Bhattacharyya, Benoytosh (edited by), *Sādhanamālā*, Baroda, Oriental Institute, 1928, vol. II.

Bhattacharyya, Benoytosh (edited by), *Two Vajrayāna Works*, Baroda, Oriental Institute, 1929.

Bhattacharyya, Benoytosh (edited by), *Guhyasamāja Tantra or Tathāgataguhyaka*, Baroda, Oriental Institute, 1931.

Coomaraswamy, Ananda K., *Yakṣas*, Washington, Smithsonian Institution, 1931, part II (with 50 plates).

Cowell, Edward B. and Robert A. Neil (edited by), *The Divyāvadāna. A Collection of Early Buddhist Legends now First Edited from the Nepalese Sanskrit mss. in Cambridge and Paris*, Cambridge, Cambridge University Press, 1886.

Das, Sarat C. and Sarat C. Sastri (edited by), *Karuṇāpuṇḍarīka*, Calcutta, Buddhist Society of India, 1898.

Dawa-Samdup, Kazi (translated by) and Walter Y. Evans-Wentz (edited by), *The Tibetan Book of the Dead or the After-Death Experiences on the* Bardo *Plane*, London, Oxford University Press, 1927.

Francke, August H., *Antiquities of Indian Tibet*, Calcutta, Superintendent Government Printing, 1914, part I (*Personal Narrative*); 1926, part II (*The Chronicles of Ladakh and Minor Chronicles*).

Grünwedel, Albert (übersetzt von), *Tāranātha's* Edelsteinmine, *das Buch von den Vermittlern der Sieben Inspirationem*, Petrograd, Imprimerie de l'Académie Impériale des Sciences, 1914.

Grünwedel, Albert, "Die Geschichten der vierundachtzig Zauberer (Mahāsiddhas)", *Baessler-Archiv*, 5, 1916, pp. 137 – 228.

Heuzey, Léon, *Les origines orientales de l'art. Recueil de mémoires archéologiques et de monuments figurés*, Paris, E. Leroux Éditeur, 1892, première partie (*Antiquités chaldéo-assyriennes*).

Hōbōgirin. Dictionnaire encyclopédique du bouddhisme d'après les sources chinoises et japonaises, Tokyo, Maison Franco-Japonaise, 1929, premier fascicule.

Lalou, Marcelle, *Iconographie des étoffes peintes (paṭa) dans le* Mañjuśrīmūlakalpa, Paris, Librairie Orientaliste P. Geuthner, 1930.

Lalou, Marcelle, "Un traité de magie bouddhique", in *Études d'Orientalisme publiées par le Musée Guimet à la mémoire de Raymonde Linossier,* Paris, Librairie E. Leroux, 1932, vol Ⅱ, pp. 303 – 322.

Lefmann, Salomon, *Lalita Vistara. Leben und Lehre des Çâkya-Buddha. Textausgabe mit Varianten-, Metren- und Wörterverzeichnis*, Halle a. S., Verlag der Buchhandlung des Waisenhauses, 1902, erster Teil (*Text*).

Lalita Vistara I = Lefmann, Salomon, *Lalita Vistara. Leben und Lehre des Çâkya-Buddha. Textausgabe mit Varianten-, Metren- und Wörterverzeichnis*, Halle a. S., Verlag der Buchhandlung des Waisenhauses, 1902, erster Teil (*Text*).

Müller, Max and Junjirō Takakusu (translated by), *Buddhist Mahāyāna Texts*, Oxford, Clarendon Press, 1894, part II (*The larger* Sukhāvatī-vyūha, *the smaller* Sukhāvatī-vyūha, *the* Vagrakkhedikā, *the larger* Pragñā-pāramitā-hridaya-sūtra, *the smaller* Pragñā-pāramitā-hridaya-sūtra, *the* Amitāyur-Dhyāna-sūtra).

Müller, Reinhold F. G., "Die Krankheits- und Heilgottheiten des Lamaismus. Eine medizingeschichtliche Studie", *Anthropos*, 22, 1927, pp. 956 – 991.

Nanjio Bunyiu (南条文雄), *The Laṅkāvatāra sūtra,* Kyoto, Otani University Press, 1923.

Obermiller, Eugéne, "A Study of the Twenty Aspects of śūnyatā (Based on Haribhadra's *Abhisamayālaṃkāra-ālokā* and the *Pañcaviṃ Śatisāhasrikāprajñāpāramitā-sūtra*)", *The Indian Historical Quarterly*, 9, 1933, pp. 170 – 187.

Oldenburg [Ol'denburg"], Sergej F., *Sbornik" izobraženij 300 burhanov". Po al'bomu aziatskago muzeja*, Sankt Peterburg", Tipografija Imperatorskoj Akademii Nauk, 1903.

Page, James A., "Nalanda Museum", *Annual Report of the Archaeological Survey of India*, 1928 – 1929, pp. 144 – 145.

Panaśīkara, Vāsudeva Ś. (edited by), *Sūtasaṃhitā. With the Commentary of Śriman Mādhavāchārya*, Poona, The Ānandāśrama Press, 1893.

Pelliot, Paul, "Le Bhaiṣajyaguru", *Bulletin de l'École Française d'Extrême-Orient*, 3, 1903, pp. 33 – 37.

Shastri, Haraprasad, *A Descriptive Catalogue of Sanskrit Manuscripts in the Government Collection under the Care of the Asiatic Society of Bengal*, Calcutta, The Baptist Mission Press, 1917, vol. I (*Buddhist Manuscripts*).

Shastri, Haraprasad (edited by), *Advayavajrasaṁgraha*, Baroda, Oriental Institute, 1927.

Shuttleworth, H. Lee, *Lha-luṅ Temple, Spyi-ti*, Calcutta, Government of India

Central Publication Branch, 1929.
Tajima Ryujum（田岛隆纯）, "The Seating Positions of Buddhas and Bodhisattvas in the Vajradhātu-maṇḍala", *The Young East*, 8, 1939, 3 (*The Italo-Japanese Number*), pp. 61 – 84.
Thomas, Frederick W., "Tibetan Documents Concerning Chinese Turkestan. II: The Śa-cu Region", *The Journal of the Royal Asiatic Society of Great Britain and Ireland*, 1927, pp. 807 – 844.
Thomas, Frederick W., "Tibetan Documents Concerning Chinese Turkestan. V: (a) The Dru-gu (Great Dru-gu and Drug-cun; the Dru-gu *cor* and the Bug *cor*; the Dru-gu and Ge-sar; the Title *Bog-do*; Conclusion); (b) the Hor; (c) the Phod-kar", *The Journal of the Royal Asiatic Society of Great Britain and Ireland,* 1931, pp. 807 – 836.
Tucci, Giuseppe, "Animadversiones Indicae", *Journal and Proceedings of the Asiatic Society of Bengal*, 26, 1930, pp. 125 – 160 [G. Tucci, "Animadversiones Indicae", in G. Tucci, *Opera Minora*, Roma, G. Bardi Editore, 1971, parte I, pp. 195 – 229].
Tucci, Giuseppe, "Some Glosses upon the Guhyasamaja", *Mélanges chinois et bouddhiques*, 3, 1934 – 1935, pp. 339 – 353.
Tucci, Giuseppe ed Eugenio Ghersi, *Cronaca della missione scientifica Tucci nel Tibet occidentale (1933)*, Roma, Reale Accademia d'Italia, 1934.
Vallée Poussin, Louis de la, *Pañcakrama*, Gand-Louvain, H. Engelcke-J.-B. Istas, 1896 (*Études et textes tantriques* I).
Waddell, Laurence A., *The Buddhism of Tibet or Lamaism with its Mystic Cults, Symbolism and Mythology, and in its Relation to Indian Buddhism*, London, W. H. Allen and co., 1895.
Weller, Friedrich (hrsg.), *Tausend Buddhanamen des Bhadrakalpa nach einer fünfsprachigen Polyglotte*, Leipzig, Verlag der Asia Major, 1928.
Young, G. M., "A Journey to Toling and Tsaparang in Western Tibet", *Journal of the Panjab Historical Society*, 7, 1919, pp. 177 – 198.

图　版

图版 1

a

b

3

2

5

4

9

8

7

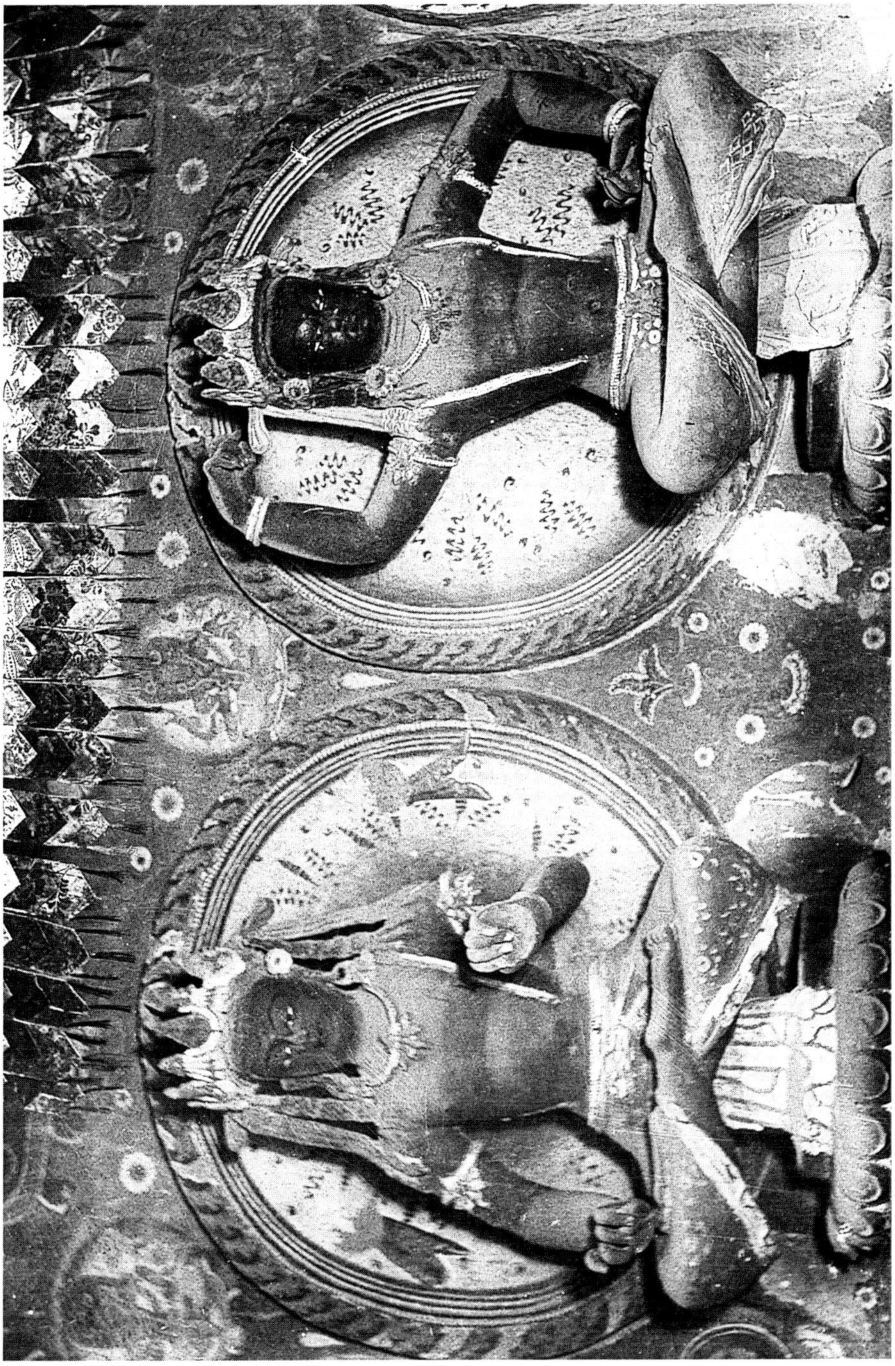

10

9

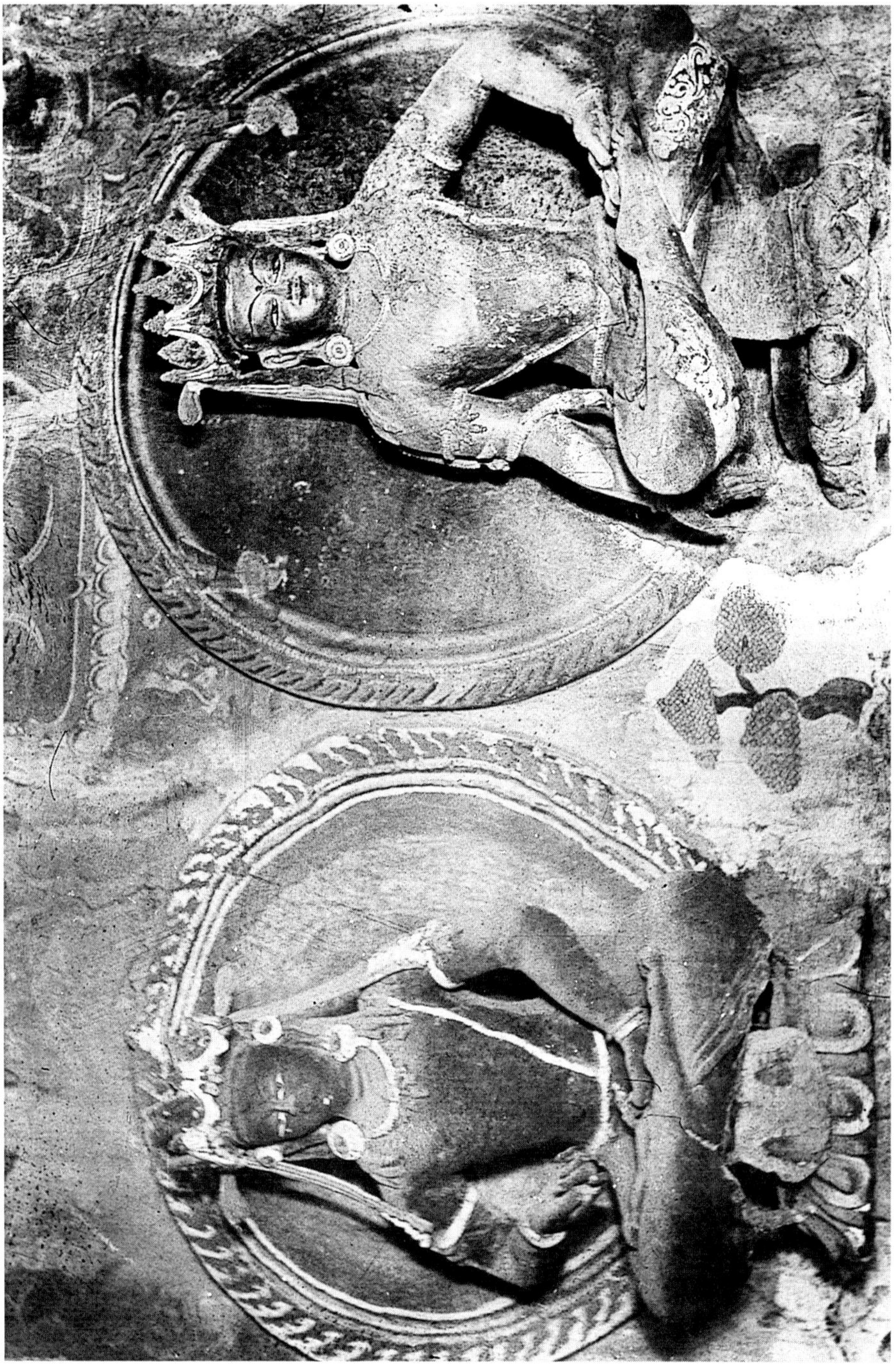

12

11

13

14

16

15

图版 11

17

19　20

22

21

23　24

26

25

28

27

29

图版 18 （第 15 页）

31

30

33

32

a

b

c

图版 24 （第 50 页）

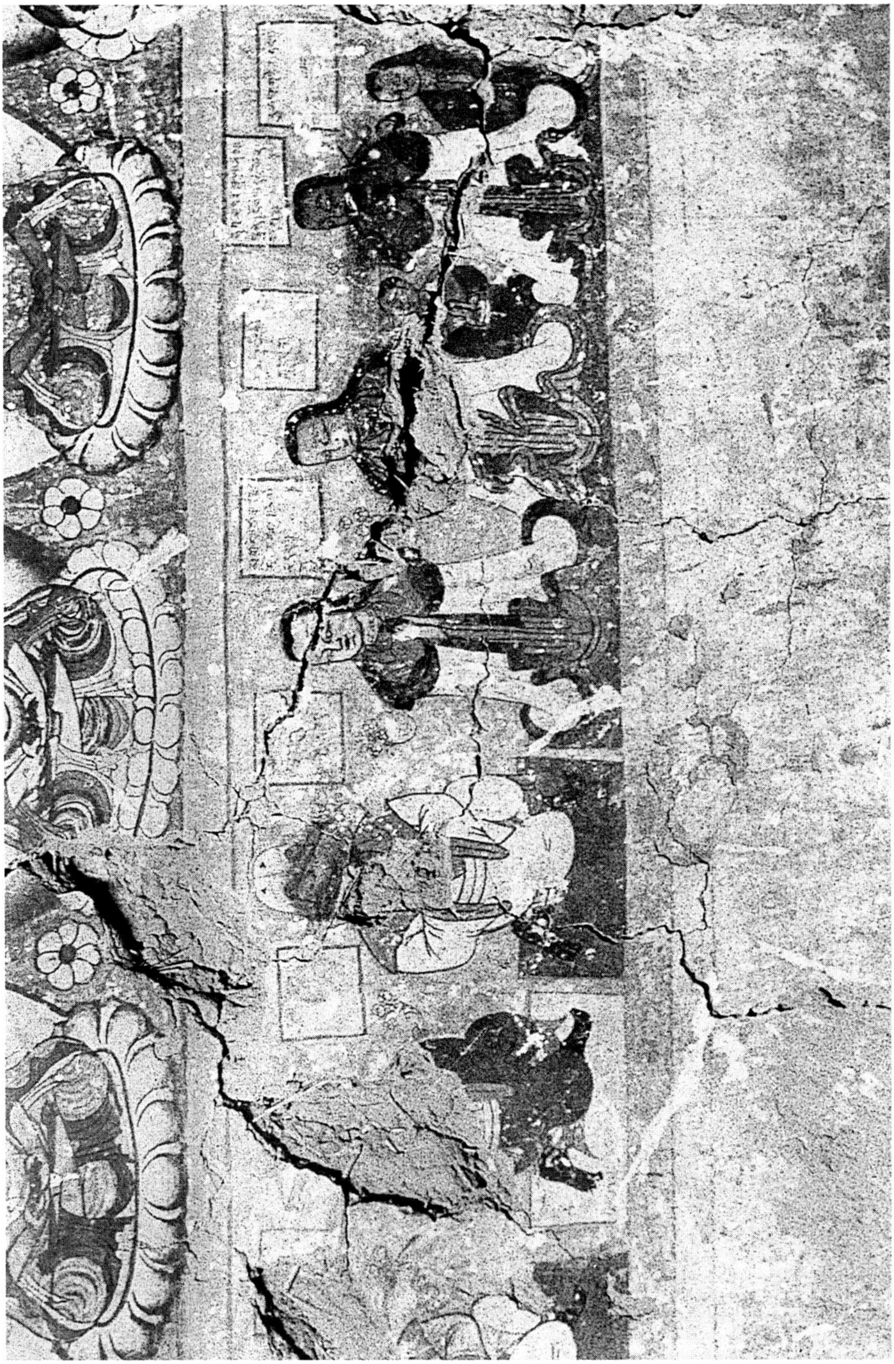

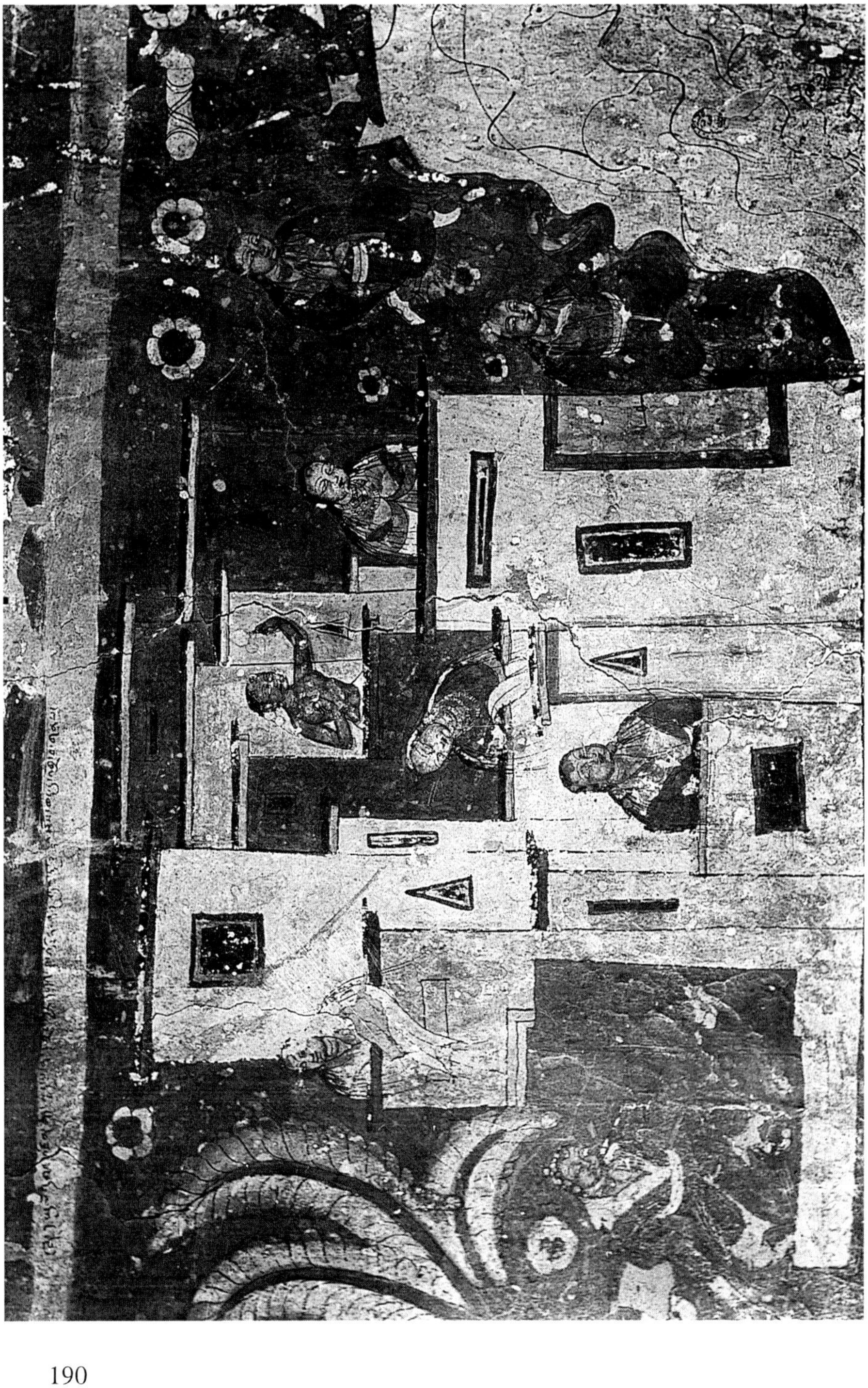

图版 30

（第 53 页）

图版 31

图版 33

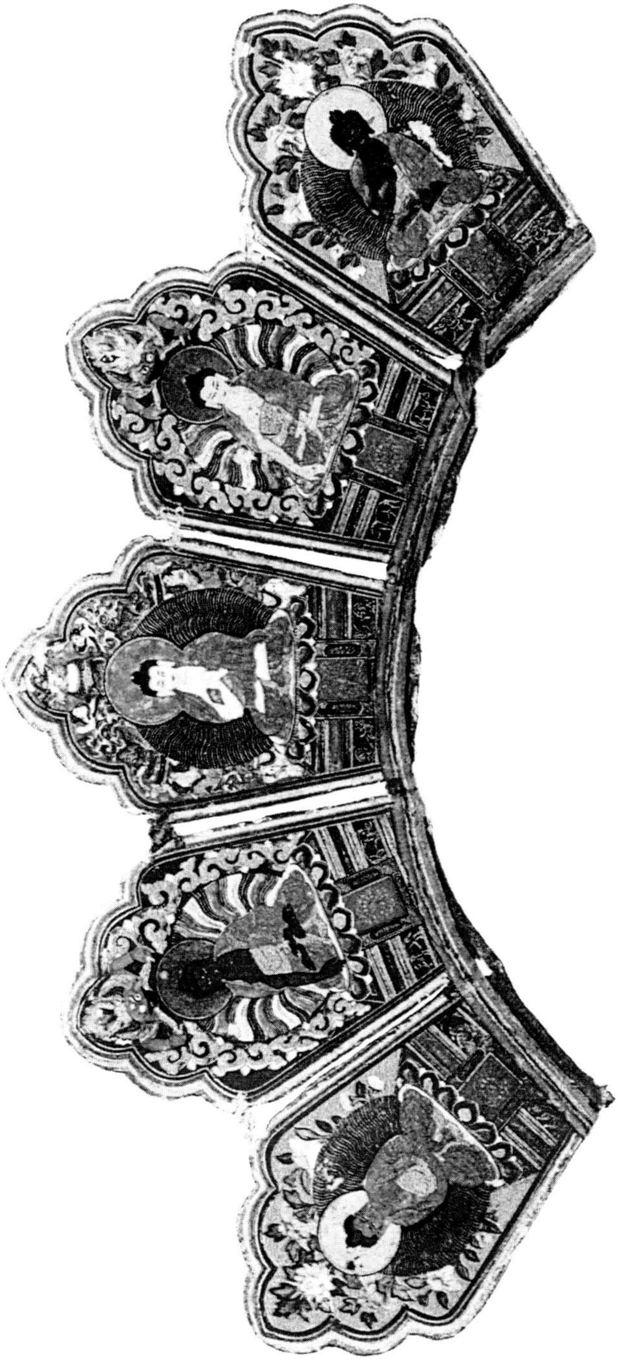

图版 35

3

2

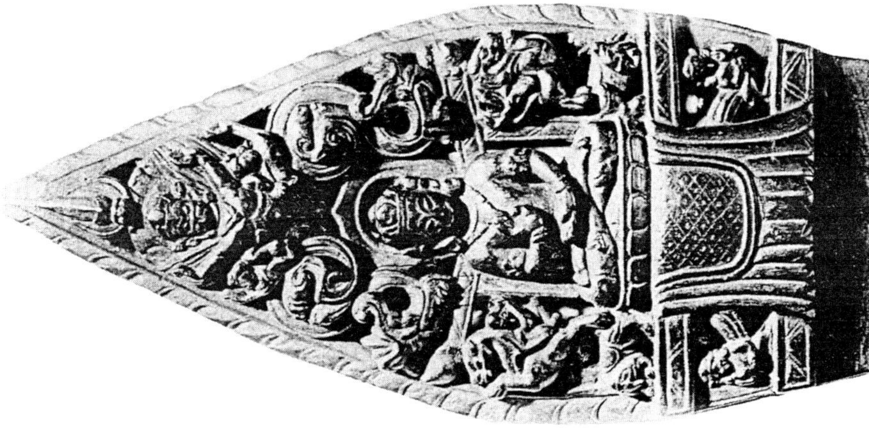

1

图版36　　　　（第57页）

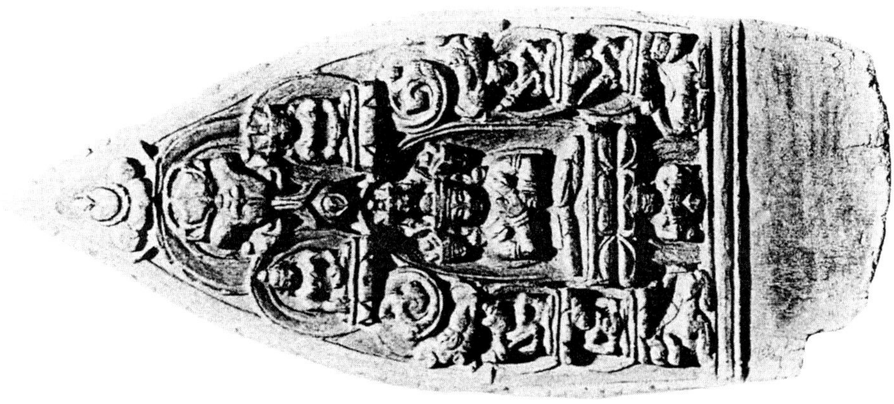

6

5

4

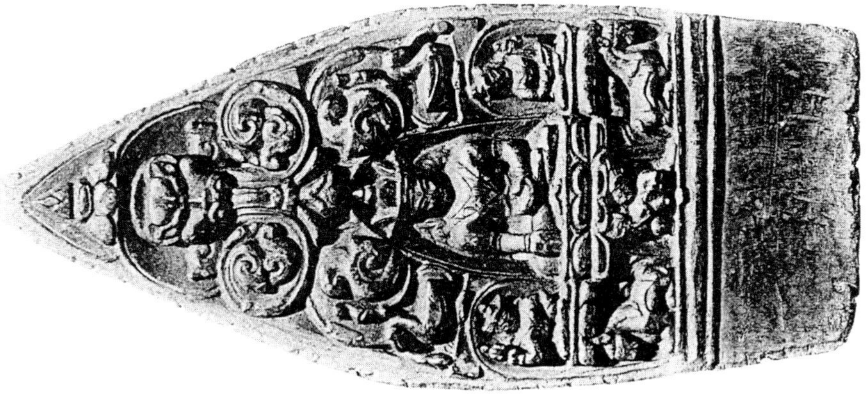

8

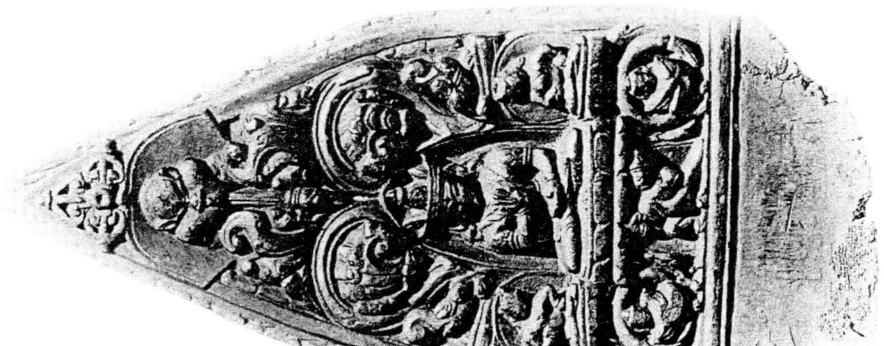

7

10

9

图版 40 （第 59 页）

图版 41

图版 42　　　　（第 60 页）

图版 44

（第 61 页）

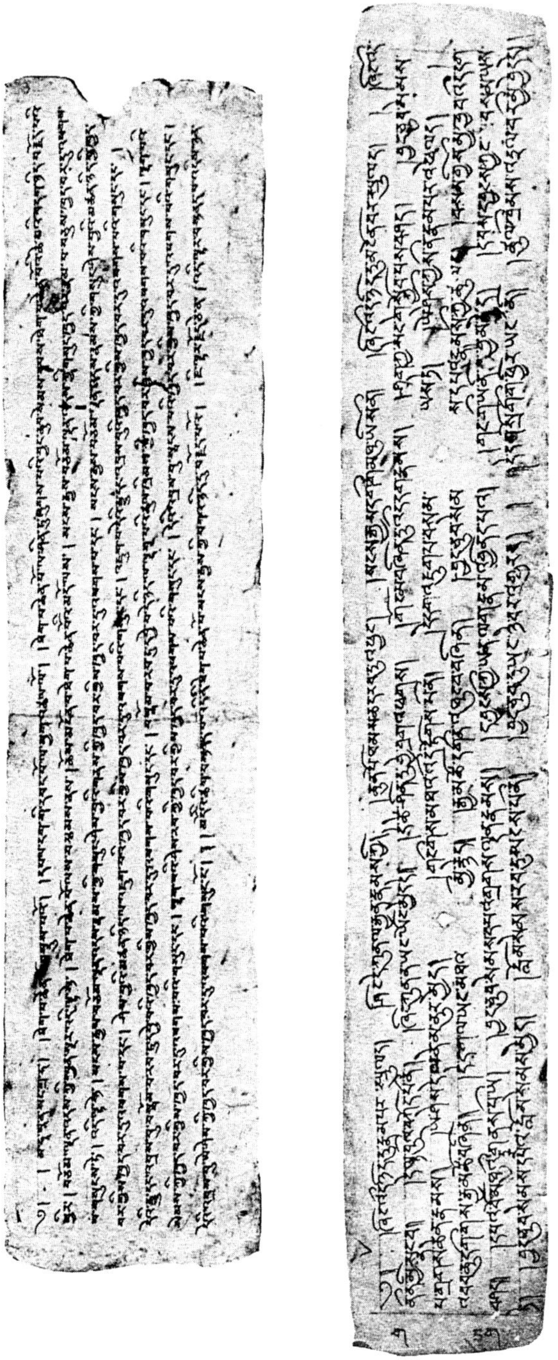

图版 45

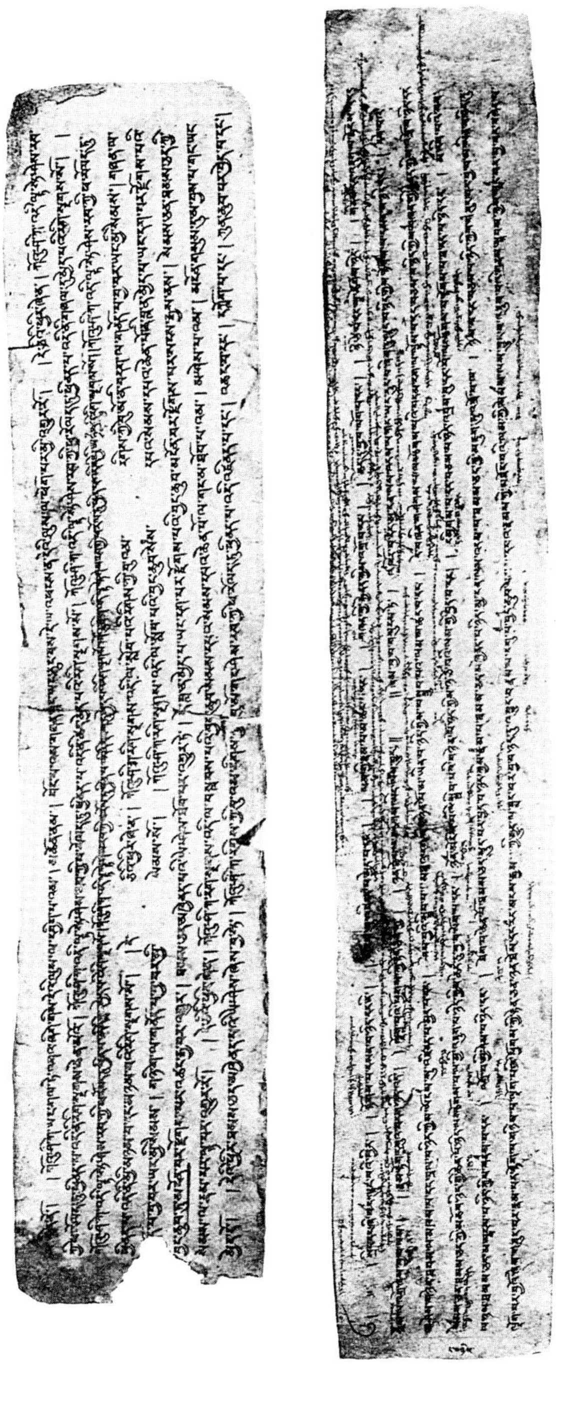

图版 46 （第 63 页）

图版 47

图版 49

图版 51

图版 52 （第 67 页）

图版 53

图版 55

图版 57

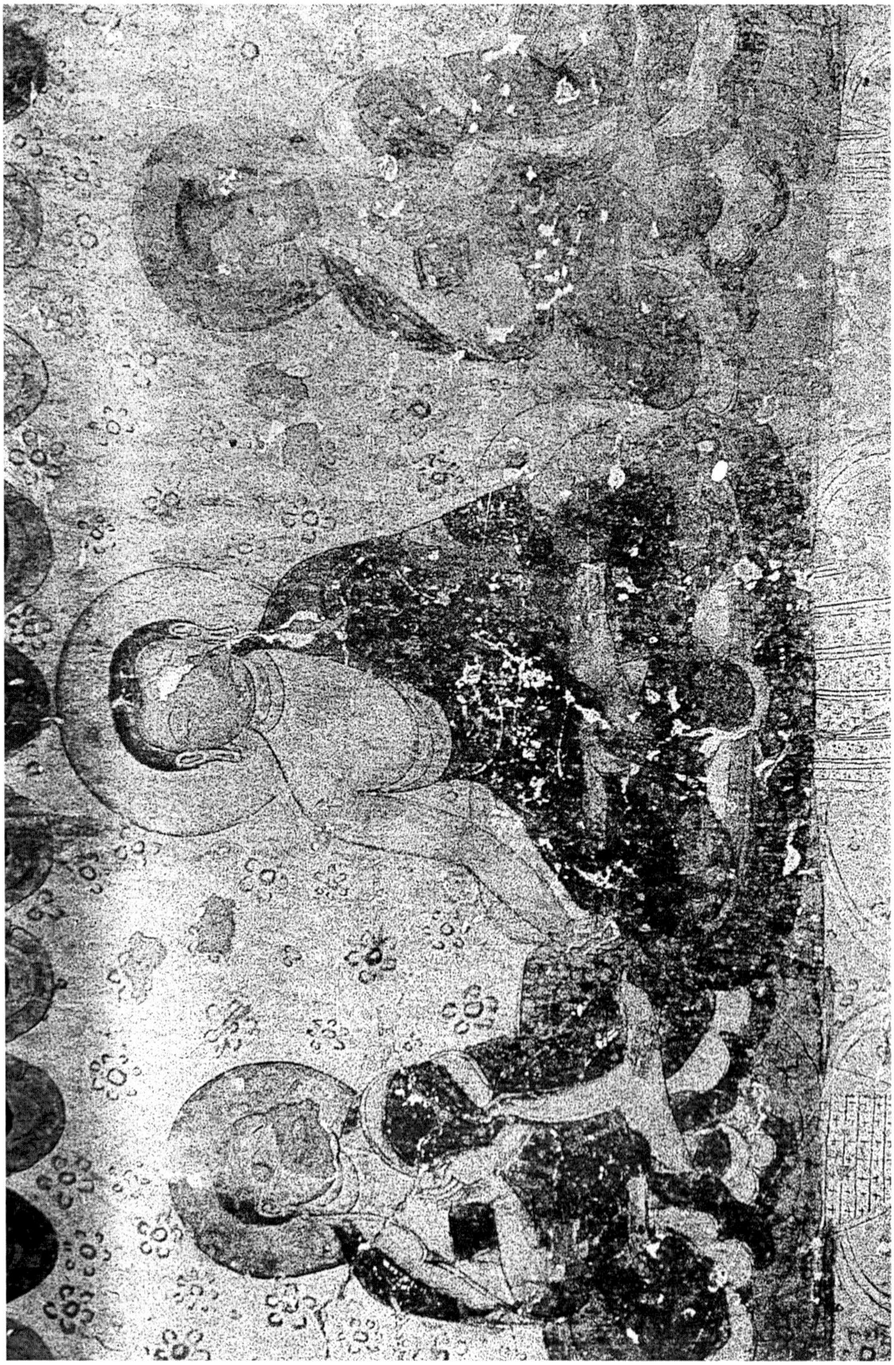

图版 63

图版 65

a

b

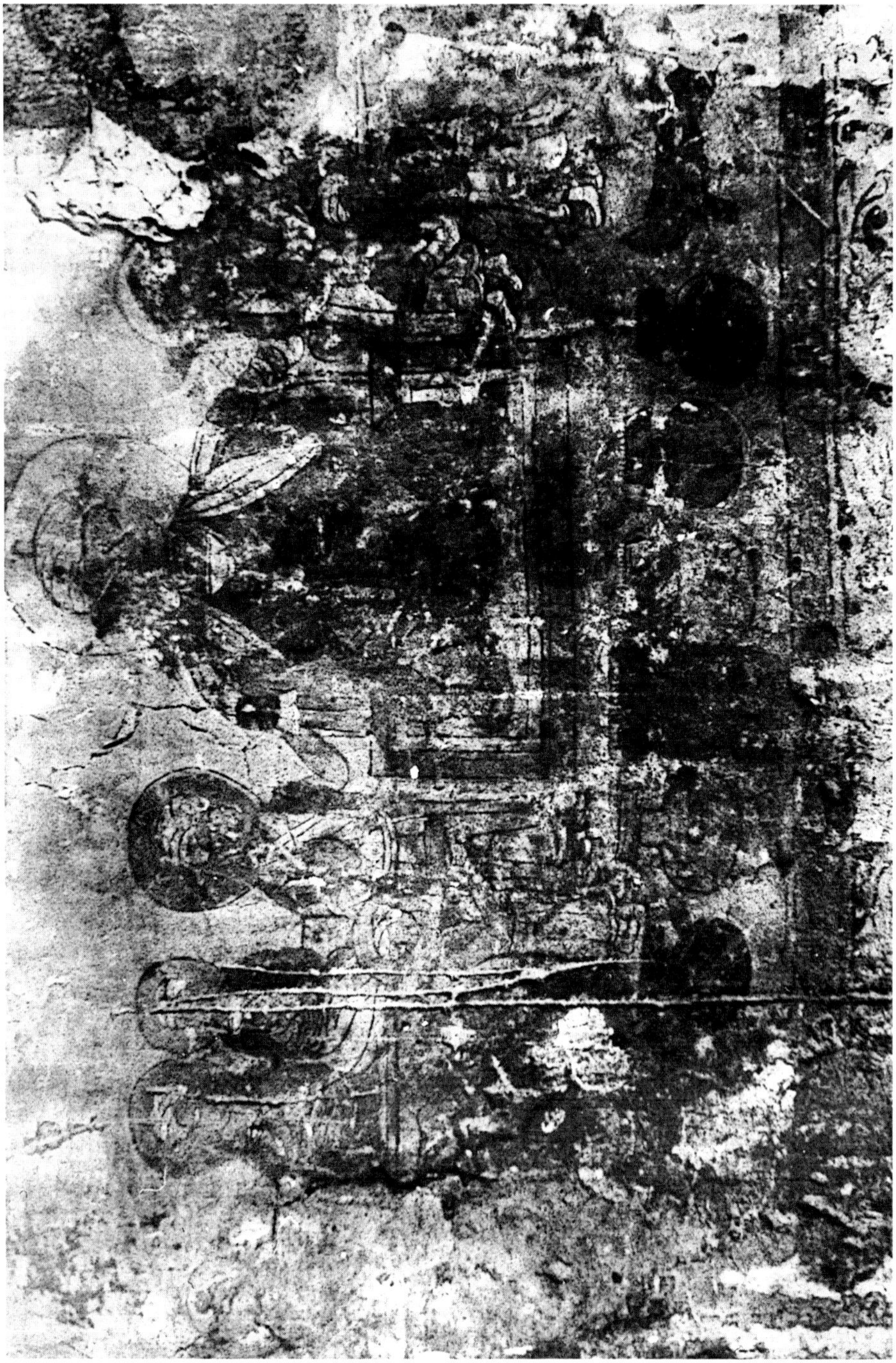

图版 73

a

b

图版 77

图版 79

图版 82 （第 112 页）

图版 85

图版 87

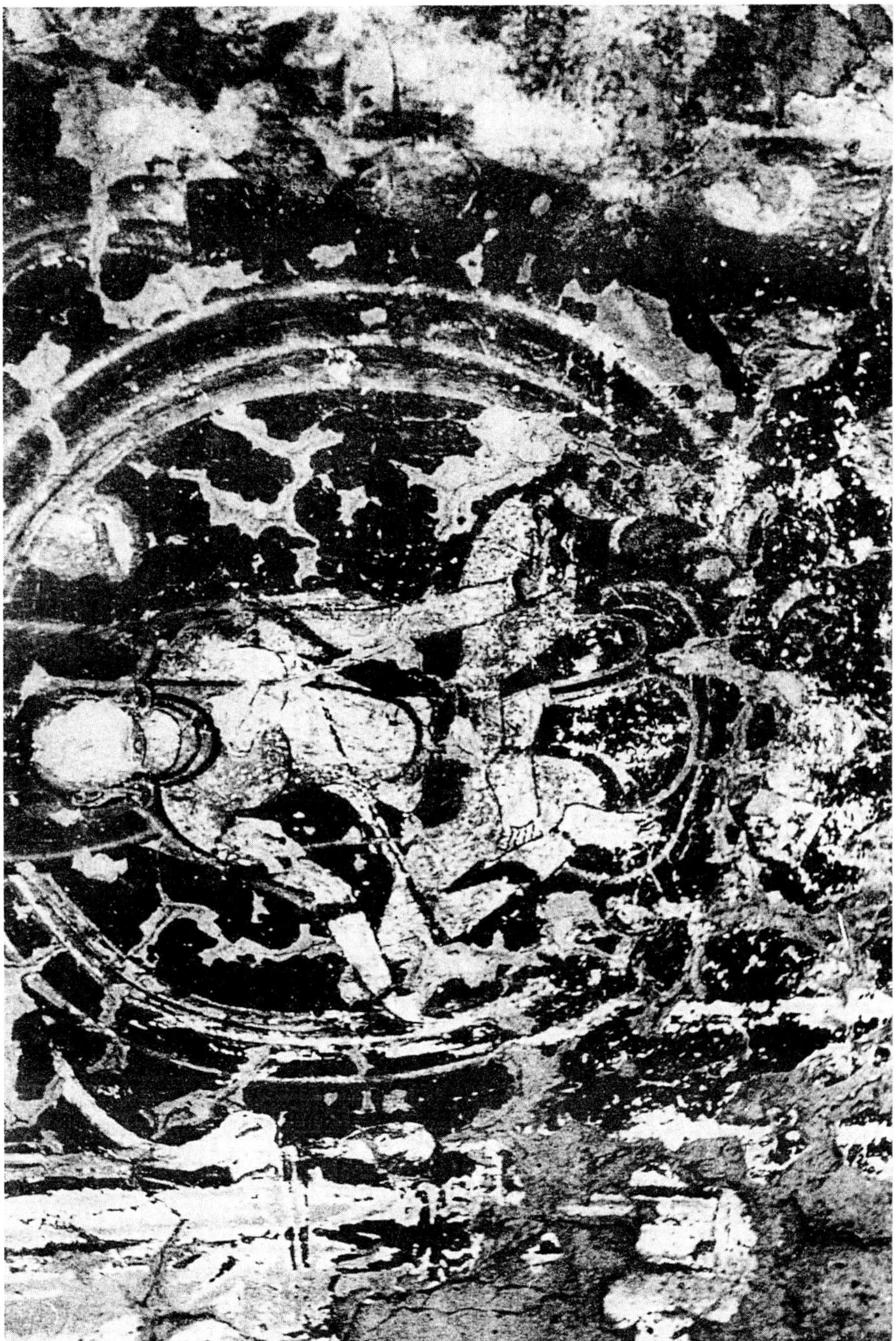

图版 92 （第3页）

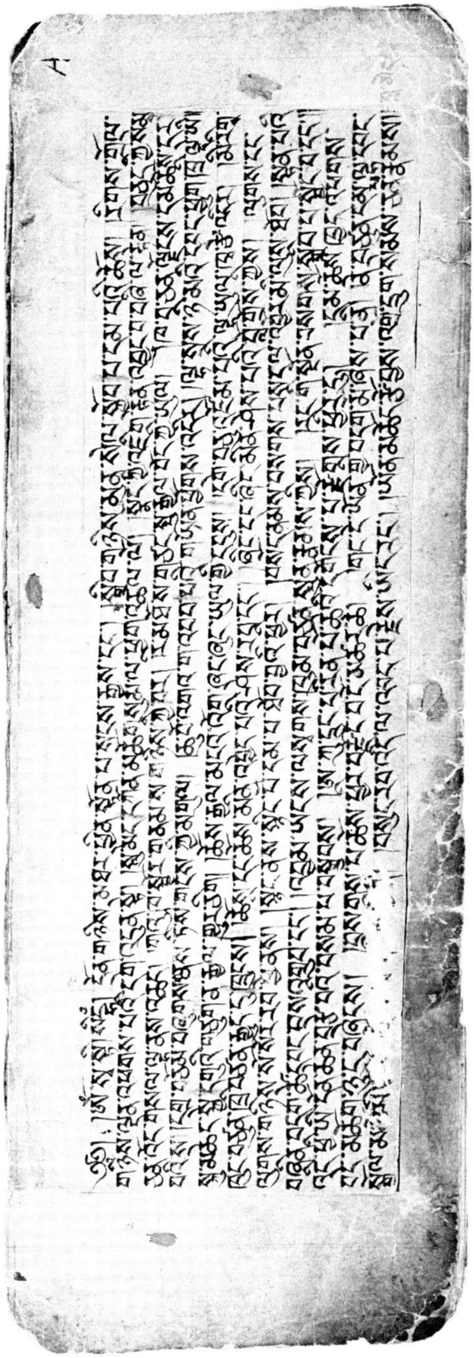

教派分布示意图

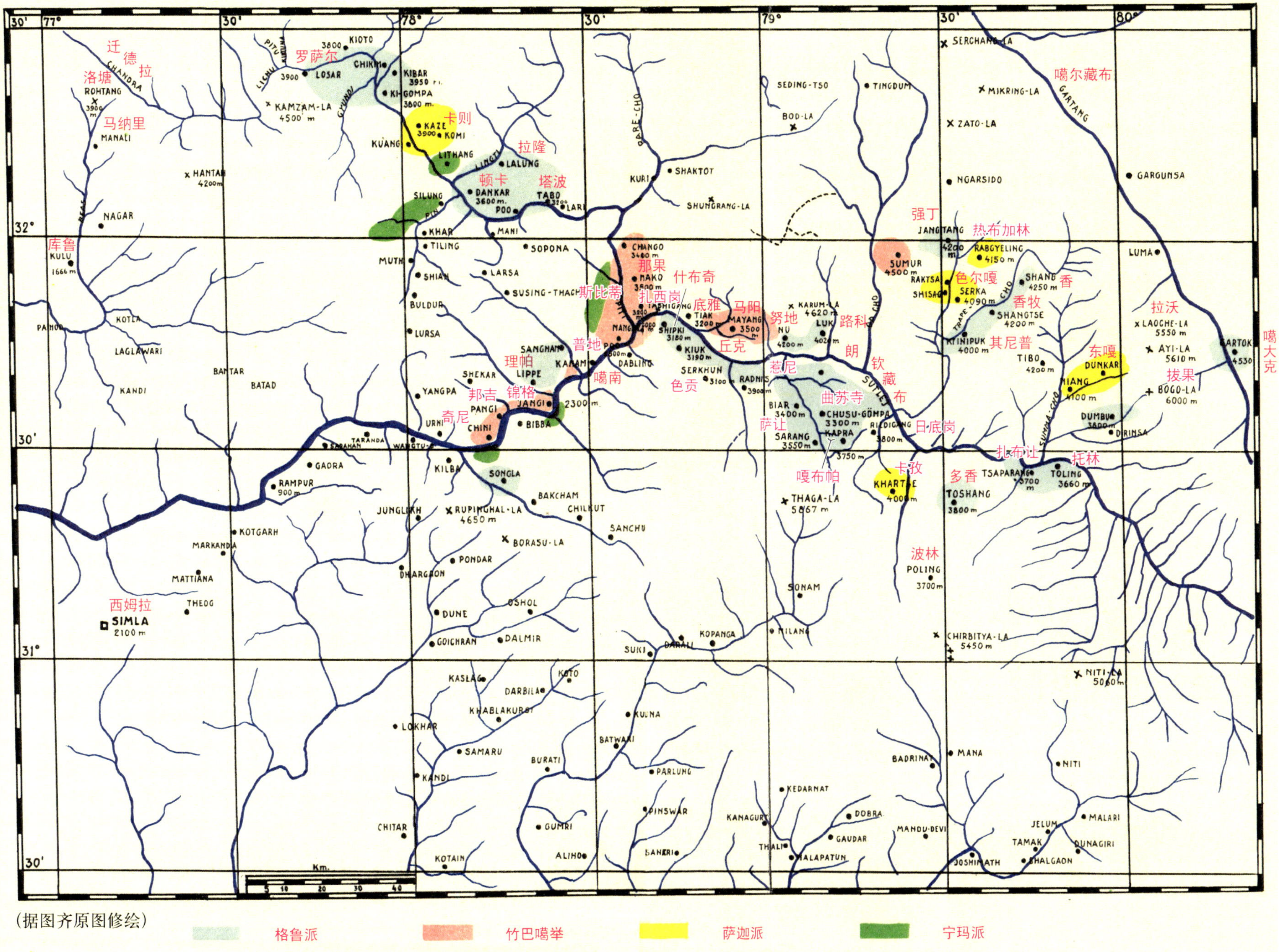

(据图齐原图修绘)

迁德拉与斯比蒂河谷示意图

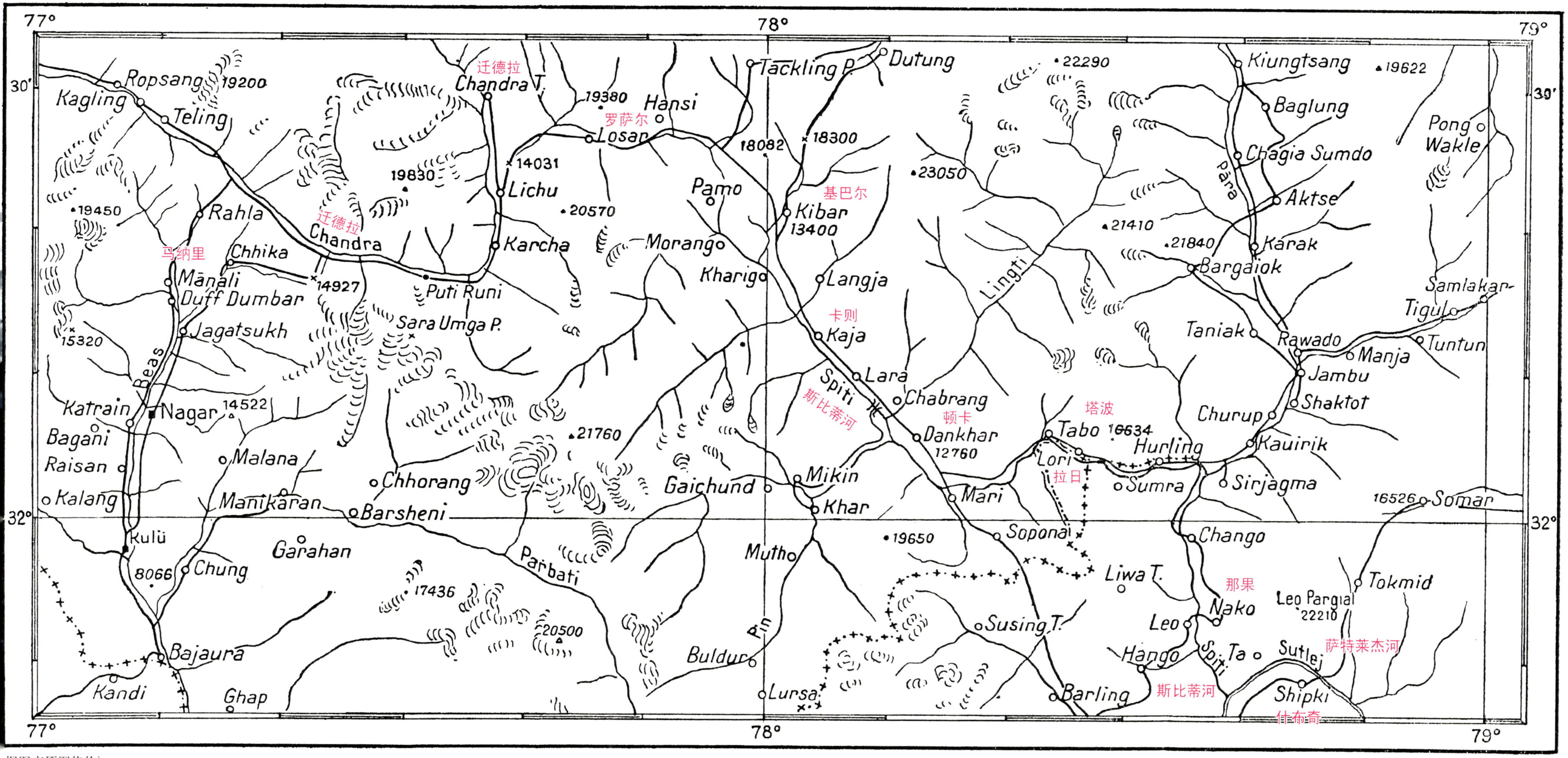

据图齐原图修绘)